教師のための教育学シリーズ

教師のための教育学シリーズ編集委員会　監修

教職総論
改訂版
教師のための教育理論

佐々木幸寿

編著

EDUCATIONAL STUDIES FOR TEACHERS SERIES

学文社

執 筆 者

櫻井　眞治	東京学芸大学教育学部教授	第1章
山田　雅彦	東京学芸大学教育学部教授	第2章
糸井　尚子	東京学芸大学教育学部教授	第3章
品田　瑞穂	東京学芸大学教育学部准教授	第4章
林　　尚示	東京学芸大学教育学部准教授	第5章
伊藤　秀樹	東京学芸大学教育学部准教授	第6章
高橋　　純	東京学芸大学教育学部准教授	第7章
*佐々木幸寿	東京学芸大学教育学部理事・副学長	第8章
大村龍太郎	東京学芸大学教育学部講師	第9章
菅原　雅枝	愛知教育大学大学院教育学研究科准教授	第10章
末松　裕基	東京学芸大学教育学部准教授	第11章
腰越　　滋	東京学芸大学教育学部准教授	第12章
古屋　恵太	東京学芸大学教育学部准教授	第13章
遠座　知恵	東京学芸大学教育学部准教授	第14章

（執筆順，＊は編者）

改訂版 まえがき

　教職とはすばらしい職業である。東京学芸大学は，教師の魅力を広く発信するために，クラウドファンディング（インターネット上で広く資金調達を行う手法）によって，「始動！『教師』の魅力発信プロジェクト　～つながる未来のために～」を作成した。映像は，教師になろうとする皆さんに教師の魅力を広く訴えるとともに，学校現場で頑張っている先生たちにエールを送っている。テーマは「先生のおわりの授業とはじめの授業」である。定年退職を迎える先生の最後の授業と，一方で先生として教壇に立つ初めての授業。その貴重な瞬間を撮影し，「教師」という職業の現場の一片を提示している。

　教師が，子どもたちに成長と幸せを与え，自らも教職を通じて自己実現を図り，生き生きとした人生をおくるためには，自らが問題意識をもって，主体的に学び続ける教師でありつづけることが求められる。『教職総論』は，教師になろうとしている皆さんに，教職に就くうえで必要とされる基礎的な知識や，教職を支える制度やしくみ，教師として生きるために考えるべき視点を提供しようとするものである。

　本書初版は，平野朝久監修／東京学芸大学学校教育教室編著『教職入門のための教育学』（協同出版，2014年，非売品）を全面的に改稿のうえ，新たに執筆者を増やし，論考7本（7章分）を加えて編纂し，平野朝久編『教職総論―教師のための教育理論―』として2016（平成28）年に出版されたものである。初版は，上梓されて以来，幸いにも多くの読者に受け入れられ，このたび，改訂版を出版することとなった。初版の編者である平野朝久先生（東京学芸大学名誉教授）が定年を迎えられたことから，改訂版では佐々木幸寿が編者を引き継ぐこととなった。

　初版が出版された後の2017・18（平成29年・30）年には学習指導要領が改訂された。新学習指導要領は，「社会に開かれた教育課程」を掲げ，学校と社会とが目標を共有し，学校において学ぶべき教育内容と身につけるべき資質・能力を明確にしながら，その実現を図っていくとしている。また，教育

改訂版 まえがき

　職員免許法改正により教職課程で履修すべき事項が約20年ぶりに全面的に見直され，2019（平成31）年から全国の大学において実施されている。それに伴い，教職課程で共通に学ぶべき内容が「教職課程コアカリキュラム」として取りまとめられた。そこで本改訂版では，新学習指導要領の内容や教職課程コアカリキュラムを踏まえて，「チームとしての学校」運営への対応についての章を新たに取り入れたほか，情報社会の進展と学校教育についての内容の充実等を図っている。

　全国の教職課程で学ぶ学生の皆さんが，本書を活用してリニューアルされた最新の内容を学び，優れた指導力を備えた教師として成長していただくことを期待している。

2019年10月

第1巻改訂版 編者　佐々木 幸寿

目　次

第Ⅰ部　教職に就く

第1章　問い続ける「子どもとは，教師とは，授業とは」……………2
- 第1節　ある教職の講義　2
- 第2節　学生の自覚した価値　4
- 第3節　問い続けること　12

第2章　「教師は五者たれ」―教師の仕事の多様性―………………15
- 第1節　教師「学者」たれ　15
- 第2節　教師「役者」たれ　16
- 第3節　教師「医者」たれ　20
- 第4節　教師「易者」たれ　22
- 第5節　児童・生徒理解としての社会・時代の理解　24
- 第6節　教師「芸者」たれ　25

第3章　心の成長とキャリア発達……………………………………29
- 第1節　エリクソンの心理社会的発達理論　29
- 第2節　青年期のアイデンティティ・ステータス　33
- 第3節　職業選択とキャリア理論　35
- 第4節　教職とキャリア発達　40

第4章　学級の中の対人関係…………………………………………45
- 第1節　教師の対人的スキル　45
- 第2節　子どもとの接し方　46
- 第3節　リーダーシップ　49

目　次

第5章　教科だけでは学校教育は成り立たない
　　　　―特別活動と生徒指導・進路指導に着目して― ············· 56

　　第1節　教職の定義と教員の役割　56
　　第2節　教員の職務内容と特別活動・生徒指導・進路指導の関係　61
　　第3節　小中学校参観と特別活動・生徒指導　64
　　第4節　おわりに　68

第6章　生徒指導って何だろう？ ····························· 71

　　第1節　生徒指導の定義　71
　　第2節　具体的な生徒指導の例　73
　　第3節　生徒指導を行ううえでの注意点　75
　　第4節　校則　77
　　第5節　まとめ　81

第7章　情報社会の進展と学校教育 ························· 84

　　第1節　情報社会の進展で求められる資質・能力　84
　　第2節　学校における情報化の現状　86
　　第3節　児童生徒によるICT活用　89
　　第4節　教員によるICT活用　92
　　第5節　諸外国における先進的なICT活用実践　93
　　第6節　授業でのICT活用の考え方　95

第II部　教職を広げる

第8章　制度・組織の中で生きる教師―教育法制と教師の職務― ········· 100

　　第1節　教育行政制度の中の学校　100
　　第2節　学校の組織運営，授業実践についての法制　102
　　第3節　教職員の組織――さまざまな職種の教職員　104
　　第4節　教職員の組織の変化　106

目　次

　　第5節　教師の身分と地位　107
　　第6節　まとめ　112

第9章　チームとしての学校 …………………………………………… 115
　　第1節　「チームとしての学校」が求められる背景　115
　　第2節　「チームとしての学校」の在り方　117
　　第3節　「チームとしての学校」実現のための具体的方策　120
　　第4節　「チームとしての学校」実現への課題　125

第10章　多文化化する学校 …………………………………………… 129
　　第1節　言語文化背景の異なる子どもたち　129
　　第2節　言語文化背景の異なる子どもたちへの指導体制　132
　　第3節　指導上の留意点——子どもたちのことばと文化　136
　　第4節　まとめに代えて——教員の役割　138

第11章　未来志向の学校づくり—組織と経営という視点— ……… 142
　　第1節　学校は必要か？　142
　　第2節　学校の社会環境の変動　144
　　第3節　組織としての学校の変化　147
　　第4節　リーダーシップを担う教師　151

第12章　豊かな人間関係構築の「場」としての学校の復権へ
　　　　　—子どもの社会化の変容および教師の現況を手がかりに— …… 157
　　第1節　学校を通過（スルー）する子どもたち——『希望の国のエクソダス』より　157
　　第2節　苦闘する教師の現況　159
　　第3節　社会化論の展開にみる大人と子どもの関係性の変化　167
　　第4節　豊かな人間関係を築く「場」としての「学校」の復権のために　170

v

目　次

第Ⅲ部　教職を深める

第13章　教育哲学で考察する「子ども主体の授業」……………178
　第1節　「子ども主体の授業」と1980年代以降の教育改革との関係　178
　第2節　1980年代の現代思想に生じた主体批判　181
　第3節　ジョン・デューイの教育思想における主体論　186
　第4節　「子ども主体の授業」に向けて必要とされる知見　191

第14章　教育史にみる「子ども主体の授業」……………195
　第1節　近代の学校と教師　195
　第2節　教育現場主体の改革　199
　第3節　東京女高師附小の授業改革　204

　索　引　210

Column
- ▶ アクティブ・ラーニングになる　14
- ▶「役者」修行として教師以外の職業をやってみる？　28
- ▶ いじめ　44
- ▶ 子どもの自尊感情と印象操作　55
- ▶ 特別活動の研究　70
- ▶ 傾聴・共感・受容　83
- ▶ 情報社会にいきる子どものために～情報モラル指導～　98
- ▶ 学校における働き方改革　114
- ▶「チームとしての学校」の阻害要因になりうる学級担任の信念　128
- ▶ ネットワークを作って支援を　141
- ▶ 日本の学校システムにはどのような改革が必要か？　156
- ▶ 中学・高校の部活を考える　176
- ▶ 求められる「本物の学び」＝「真正の学び」　194
- ▶ プロジェクトメソッド　209

第Ⅰ部

教職に就く

第1章

問い続ける
「子どもとは，教師とは，授業とは」

> ● 本章のねらい ●
>
> 「大学に入学以来，待ちに待った授業であった。」「自分が大きく変化した。」教職の講義では，このような学生の声が聞かれる。そこには学生の手応えや変容が感じ取られる。
> 　教職の講義を通じて，みなさんは何に心が動くのだろうか。そして，どのような変容を自覚していくのだろうか。本章では，講義の展開と対応させながら，学生の講義感想を考察し，学生の自覚した価値をとらえる。そして，子ども，教師，授業について考えていきたい。

第1節　ある教職の講義

　筆者の担当する教職の講義では，第1回のオリエンテーションにおいて，次のようなねらいを学生と共有する。

> ① さまざまな教師の姿にふれたり，教育現場の話を聞いたり，学校参観等を通して，教師の仕事，学校における教育活動への理解を深める。
> ② 今後の研究や職業選択への見通しをもつ。

　このように，まず，さまざまな教師の姿に出会うことを重視している。学

生が教育歴の中で出会ってきた教師のことを想起したり，これまでとは視点を転換して教師の側から教育活動や学校を見ていったりすることを期待しているからである。また，それを受けて，学生自身の教職志望の材料となることも期待している。学生が志望を強化したり，その実現に向けての課題を発見したり，「自分は，本当に教師になりたいのか」と立ち止まったりする場になってほしいと考えているのである。

　ある年の講義の内容構成は，以下のようであった。（　）内は，その時間の担当者を表し，A教諭からD教諭は，現職教員である。

・第1回　オリエンテーション・「教師誕生①」映像視聴と協議（筆者）
・第2回　「教師誕生②」映像視聴と協議（筆者）
・第3回　「未来をかける勝負の教室」映像視聴と協議（筆者）
・第4回　「輝け二十八の瞳」映像視聴と協議（筆者）
・第5回　「ボトムアップ論による指導の実践」（A教諭）
・第6回　「行事で育つ子ども」（B教諭）
・第7回　「おもしろ作文を作ろう」（C教諭）
・第8回　「学級経営で大切なこと」（D教諭）
・第9回　学校参観オリエンテーション
　　　　　「定時制高校，明日への一歩」映像視聴と協議（筆者）
・2月下旬〜3月上旬　公立小学校参観
・講義内容の記録提出

　ねらいに基づいて，筆者の講義では，教育活動の映像を視聴し，各自が心に残ったことをグループと全体で語り合う。現職教員による講義では，授業実践の紹介，模擬授業等が行われる。このクラスでは，講義を担当するすべての現職教員が学校参観に出かける小学校の所属であったため，講義内容に重複がないように配慮されていた。
　学校参観オリエンテーションでは，筆者が当日の時程，学校に出かける際の注意事項，参観の視点等について講義を行い，その後，教育活動の映像を視聴し，協議する。学校参観は，午前中に2時間の授業を参観し，午後はグ

ループ協議と全体協議を行う。そして，講義内容の記録は，学生が，現職教員による講義と学校参観の内容と考察，本授業のまとめと成果等を記すものであり，成績評価の対象となる。筆者の勤務する東京学芸大学では，このような流れで教職の入門講義を行っている。

第2節　学生の自覚した価値

　学生は，この講義を通して，何に心を動かし，どのような価値を自覚したのであろうか。E生からJ生による講義感想を挙げて，考察しよう。なお，学生の記述中の下線は，筆者によるものであり，題名は記述内容をとらえて筆者が付けたものである。

1. 教師の仕事，たいへんさとやりがい

　みなさんの心に残る教師とは，どのような教師であろうか。やりがいのある授業をしてくれた先生。楽しい学級をつくってくれた先生。悩んでいる時に，親身になって話を聞いてくれた先生。それだけではなく，よくない意味での「心に残る教師」もあることであろう。反面教師である。
　学生は，この授業を通してさまざまな教師に出会い，その話を聞き，生き方を感じ取ることを通して，教師という仕事，そのやりがいをとらえている。そして，「自分はあんな教師になりたい」と，目指す教師像を描き始める。

　　　教師になることの大変さ，辛さとそれ以上の素晴らしさ，喜び（E生）

　この講義を通して，教師に大切なこと，またその大切なことを得るために何が必要か，何をすべきかをじっくりと考えることができた。ビデオ学習では，新人教師の成長の姿を見て「自分が実際になったら，このようになるのかな」と，とても現実的で色々考えさせられた。不安にもなったし，逆に「私も教師になりたい」と，再確認することもできた。学校参観の時，ある先生が最後にお話してくださった「教師になった時に不安をもつということは，スタート地

第1章 問い続ける「子どもとは，教師とは，授業とは」

> 点に立ったと思ってよい。」という言葉は，たいへん印象に残った。自分が本当に教師になっていいのかと考えて迷った時は，この言葉を思い返そうと思った。(中略) この授業で私は，教師になることの大変さ，なった後の辛さ等，嫌な部分もたくさん見て学んだ。しかし，それ以上に教師であることの素晴らしさ，教師だからこそ味わえる喜び，充実感を手に入れることができるというプラス面を知ることができた。校長先生がおっしゃっていた「生徒が授業において高まる瞬間は，目がとてもキラキラしている。そこに立ち会えることができるのは教師であり，それが幸せ，やりがいなのである。」という言葉は，私にとってとても印象深いものであった。

　E生は，「教師に大切なことは何か，それを得るために何をすべきか」ということを問題意識として，この授業を受講していたことが，とらえられる。また，学校参観時の教師の言葉は，E生を勇気づけるものであった。そして，教師という仕事について，「教師になることのたいへんさ，辛さ以上に素晴らしさ，喜びを味わえる」と，とらえているのである。

　教師にとっての喜びとは何であろうか。筆者は，教師が子どもの姿に感動する瞬間ではないかと考えている。教師は，子どものもっている力が発揮されることを願い，構想をしっかりと立てて授業や活動に臨む。しかし，「ああ，子どもはここまで考えていたのか！」と，構想を越える子どもの姿（有能性や人間性）に気づかされ，「子どもの柔軟な発想はすごい！」，「この子は，なんて正義感が強いのだろう！」と感動を覚えるのである。有能性とは，子どもの「〜がわかる」，「〜ができる」という側面であり，人間性とは，子どもの「正直さ」，「正義感の強さ」等の側面である。子どもの姿に感動することは，E生の記述にある「生徒が高まる瞬間に立ち会える」という校長の言葉とも関わるものである。

2. イメージトレーニングによる理想とする教師像の明確化

> 　　　　教職の入門講義の意義とは，イメージトレーニング（F生）
> 　そもそも，この講義の意義とは何なのだろうか。私は，スポーツでいうとこ

> ろの「イメージトレーニング」だと思う。ビデオを観たり，先生方から講話を
> いただいたり，小学校参観に行ったりしてみて，実際に教壇に立たなくても「自
> 分が教師だったらどうしよう？」，「あの喧嘩は，自分ならこう解決しよう」等
> と，イメージすることができる。スポーツにおいて，イメージトレーニングが
> 大切なのは言うまでもないが，これは教師においても共通だと思う。いきなり
> 教壇に立って学級づくりをしていくことのできる教師は誰もいない。映像を観
> たり，参観に行ったりして，自分の中の教師像をイメージしていき，最初は漠
> 然としているものを少しずつはっきりさせていくことが必要だ。私自身，教職
> 入門講義を受ける前はもやもやしていた理想の教師像が，ビデオ，講話，参観
> と重ねていくうちに，その輪郭がくっきりしていくのを感じた。これこそ，教
> 職入門講義の意義であり，自分の教師像をイメージできるようになったことが，
> 成果であるといえる。また，共通のテーマとして，「生徒の自主性の尊重」が
> 読み取れた。口に出すのは簡単だが，実現するのは極めて困難である。しかし，
> それでも私は，挑戦するだけの価値があると思う。実際，ビデオを視聴した学
> 生の中には，「自主性の尊重はあくまで理想で，実現不可能だ。」という人もい
> た。だが，私は，どうやったら実現できるのかを考え抜くことが大切だと信じ
> ている。

　F生が，この講義の意義を「イメージトレーニングである」ととらえていることが興味深い。そして，「自身の理想とする教師像の輪郭がくっきりしてきたこと」を成果として挙げている。また，この授業のテーマ性を「生徒の自主性の尊重である」ととらえていることも，興味深い。ここで挙げられている「これは，あくまで理想であり，実現不可能である」という意見は，筆者による第4回の講義での映像をめぐって出された意見である。学生に挙手を求めたところ，「このように，子どもの自主性を尊重する授業は，現実には難しいのではないか」に挙手した学生が半数ほど見られたことが思い出される。このような中で，F生は「実現の方策を考え抜いて，挑戦しよう」と，考えていたのである。ここには，F生が「どのような教育をしたいのか。どのような授業をしたいのか」という教育観，授業観が表れているのである。

　教師となって子どもたちとともに過ごすこと，授業をすることに優るものはないことは事実である。しかし，F生の言う「イメージトレーニング」は，大学時代にもできる大切な活動である。授業記録，授業映像，実際の授業等

第1章 問い続ける「子どもとは，教師とは，授業とは」

から，ある子どもの表れ，子ども相互の関わり合い，それを支える教師の働き等について，観て考察できるようにトレーニングを積むことである。1時間の授業の中からは，子どものよさ，授業の可能性とともに，その難しさや課題となることも発見することができる。よさや可能性については，自分で活用していこうとすればよい。一方の難しさや課題については，F生のようにもう一歩考えを進めて「どうすればよいのだろうか」と改善案を考えてみることである。このようにして，実践事例に当たり，イメージトレーニングを積んでいくのである。

　授業を参観する際には，手書きの記録を取って観ることを勧めたい。まず，子どもの姿，教師の働きかけ，教室の雰囲気等を手で書き留めることで，自分の内に刻むこととなる。また，「これを記録しておこう」という判断は，参観者それぞれであるが，その判断の背景には参観者一人ひとりの気にしたいこと，立ち止まらざるを得ないこと等の違いがある。後にも述べるが，自分の記録したこととその考察を，このように異なる観方をもつ仲間と語り合うことで，映像，1時間の授業や記録から，多様な観方を得ることができ，授業の奥深さが見えてくるのである。

3. 授業の役割，学ぶことと生きることの統一

　みなさんの心に残る授業とは，どのようなものであろう。小学校の頃にまち探検をし，まちの人にインタビューをしたことであろうか。高等学校において，教師のユーモアのある語りに引き込まれながら，専門知識を学んだ授業であろうか。授業とは何か。授業にはどのような役割があるのか。あんな授業をしてみたい。学生の記述には，このような問題意識が表れている。

授業を通して健全育成がなされる（G生）

　講話やビデオ視聴，学校参観を経て最も強く感じたことは，授業はいかに大切かということである。授業を充実させるために，私が将来就こうとしている教師は，基礎として教師力を身につける必要がある。(中略)健全育成につながるとは，わかった，できた等の成就感や存在感，有能観等をもつことができる

7

学習や，仲間と協力して作業する等，体験的，問題解決的な学習をすることで，授業で自己指導能力を培うことができ，認め合い，助け合いが日常的になり，いじめが起きることがなくなるということである。<u>私は今まで，児童・生徒指導と知識や考え方の習得の場は別物で，どちらかというと児童・生徒指導の方ばかり考えていたが，その考え方は誤っていたことを教職入門講義で自覚し，たくさんの要素が組み込まれている授業ができるようにならなければならないと思った。</u>これは，私にとって最も大きな成果である。

G生は，「児童・生徒指導の方ばかりを考えていた」という見方を転換し，「たくさんの要素が組み込まれている授業を実践すること」の必要性を自覚している。学校生活の大半を占める授業は，知識・技能習得の場であるとともに，仲間との人間関係を深めたり，自分のよさに気づき生き方を見つめたりする場である。このように，授業とは，学ぶことを通して子どもの人間形成を支える営みであり，「学ぶことと生きることとの統一」を図る場にしていくことが求められているのである。

4．教師の指導の意図，指導のプロセス

現職教員の模擬授業や講話を通して，自分自身の経験した教育活動を振り返り，「あの活動には，実は教師のこのような意図があったのだ！」と気づく学生の姿も見られる。

書けるようになる過程としての制約の必要性（H生）

心に残ったのは，C先生の講話についてである。最初にうかがった時には，「おもしろ作文」や詩の空白埋めにしろ，これらの制約を付けてしまうと，制約を守ることに偏り過ぎて本末転倒となってしまうのではないかと感じていた。しかし，私の小学生時代を振り返ると，確かに白い紙をもらって「作文を書きなさい」といわれても，何を書いたらいいのか，どう書いたらいいのか，さっぱりわからなかった。たとえば，読書感想文や人権作文，税の作文は，その傾向が著しかった。これらは高学年になってから行うことで，作文を書くことができるようになるための準備段階にC先生がおっしゃってくださったような過程があるのだと思う。<u>今となっては，書く前に当り前のように文章構成をして</u>

> 書いている文章は，先生が与える制約の下，試行錯誤をし，その積み重ねの上に成り立ったものであることに気がつくことができた。国語においての大切な四要素のうちの1つに「書くこと」があげられているが，書くことの指導はなかなか難しいので，素質なのかと感じていたが，今回の講話はその手がかりになった。

　H生は，C教諭の講話を通して，当初の「制約を付けてしまうと，制約を守ることに偏り過ぎて本末転倒になってしまうのではないか」という考えから，「文章が書けるようになる過程として，制約とその積み重ねが必要である」という考えに変化している。これは，C教諭の模擬授業によって，H生が楽しく表現し，その表現を仲間とともに味わい，「制約の必要性」を実感していったからであると考えられる。

　H生の言うように，はじめから「自由に書いてごらん」では，子どもにとっては難しい。まず，子どもが「書くことって楽しいな」，「自分にもできる」と思うこと。そして，子どもが，そのような経験を積み重ねて，次第に自分の考えを書けるようになっていくこと。このように，子どもが育っていくプロセスを描き，そのための教材や学習活動を準備すること。このことも教師の大切な役割である。

　その際に考えたいことは，以前の子どもたちに「この方法がうまくいったから」といって，目の前の子どもたちにフィットするとは限らないということである。もちろん，経験値は大切にしたいことであるが，何よりも目の前の子どもの実態をとらえて，期待する姿になっていくプロセスを描き，方法を選択していくことが求められるのである。このことも，教師の仕事の難しさであり，醍醐味でもある。

5. 教育の事実をめぐって仲間と語り合う

　この講義では，ともに受講する仲間から学ぶことの価値も大きい。そのような価値を自覚している学生も見られる。

> 意見交換やグループでの話し合いのメリット（I生）
>
> 　この講義を通して，自分の中で意識的に変わったことがあった。まず，グループでの話し合いが毎回の授業で行われたことで，人の意見を聞き入れ，自分の思ったことを相手に伝えることの難しさと重要性を感じることができた。もともと自分は，仲のよい人と会話をすることは，当り前ではあるが不得意ではなかった。しかし，日常で話す機会があまり無い人との会話を通して，自分のコミュニケーション能力の低さと意志を伝達する力の低さに気づかされた。自分が普段，いかに自分と同じ考えの人を求め，楽な意見交換をしようとしていたかがわかった。
> 　それと同時に，自分とは正反対の意見や，少し視点の違う意見を聞くことは新鮮であった。意見交換やグループでの話し合いのメリットを，自分は多く受けることができたと考える。

　I生は，筆者の講義や学校参観において，グループで一人ひとりの考えを伝え合い，それを基にして全体で意見交流することを価値づけている。

　ここから考察されることは，まず「いつもの仲間と楽な意見交換」では安心して活動できるが，緊張が足りず易きに流れる傾向もあることである。そこで，「いつもの仲間とグループ活動」を行う場合には，一人ひとりがしっかりと考えを語ること，丁寧に聴くこと，はっきりとしないことは問い返すこと等を強調し，グループの話し合いの質に気を配っていく必要がある。異なる選修のメンバーでグループを構成していくことも，必要になる。また，「自分とは正反対の意見や，視点の違う意見を聞くことは新鮮」というI生の感想には，「授業の事実をめぐる多様な考えに出会い，自分の見方を揺さぶり，広げ深めていく」という筆者の期待につながるものが表れている。

　現在，「主体的・協働的に課題を探究する一方法」であるアクティブ・ラーニングが，大学の授業においても求められている。たとえば，授業の映像を観て，気づいたことをグループで交流し，そのとらえ方の違いに気づき，自分自身の観方を豊かにしていく。グループで改善案についていくつか考えてみたが，どの案がよいのかはっきりしない。そこで，グループの案を全体協議の場に上げて，仲間の考えを聞いてみる。このように，仲間と力を合わせ

第1章　問い続ける「子どもとは，教師とは，授業とは」

て問題を解決していく活動が，今後ますます重要になってくる。

教育について学ぶことは，身近な人々からも得られる（J生）

　この講義を受けて，<u>私の教育に対する考え方は，確実によい方向へ向かった</u>と思います。そもそも教育についてあまり興味がなかったので，今日の教育がどのようになされているか等，全然知ろうともしていませんでした。現在求められている教育や教師のあり方について，たくさんのお話を聞いてきましたが，「学びあい」の授業にとても衝撃を受けました。（中略）

　小学校参観に行って，私は子どもを相手にするのが苦手なので戸惑うことが多かったのですが，同じ大学生たちの子どもたちに対する姿勢，ふるまい方からたくさんのことを学べたことが良い成果だったと思います。<u>教育に関して学ぶことは，必ずしも教師や子どもたちからだけでなく，身近な人々からも得られることがわかりました</u>。同じ大学生なのに，自分と周りの人々との意識の違いや自分の自覚の足りなさなどが明確になり，焦りも出ました。しかし，このことで今の自分に足りないもののいくつかを発見できました。<u>子どもたちからは，自分の大人になる意識の足りなさを自覚させてもらいました</u>。この講義を通して私が得たものは大きく，内容も充実したものでした。<u>教職に就かなくても，社会には教育はつきものなので</u>，得たものを糧として，人間としてもっと成長できたらいいなと思います。

　J生は，教育について教師と子どもから学んだことの価値について表現しつつも，学校参観をともにした学生たちから学んだことを価値づけている。意識の高い学生との参観，協議を通して触発され，自身の課題を発見しているのである。そして，「教職に就かなくても，社会に教育はつきものなので」という表現は，「広く教育を支援する人材の育成」に関わるものである。

　子どもたちに「主体的・協働的に学びなさい！」と求めるのであれば，まずは教師を志す私たちがそのように学んでいるのかどうかと問い直すことである。子どもたちにとって，仲間から学ぶことの意味はとても大きいものがある。だから，子どもたちの前に立つ私たちこそ，仲間と学ぶことの面白さ，素晴らしさを実感していきたい。教師がそのような姿勢であれば，授業，学級での生活で，仲間と学ぶことが大切にされ，子どもたちもそのよさを実感していくに違いないからである。

第3節　問い続けること

　以下にE生からJ生の講義感想から引き出された，子ども，教師，授業に関わる筆者の言葉を整理してみたい。

・教師にとっての喜びとは，教師が子どもの姿に感動する瞬間ではないか。
・「私は，どのような教育をしたいのか。授業をしたいのか。」という，自身の教育観，授業観について問い直してみる。
・教育についてのイメージトレーニングをよりよいものにするためには，手書きの記録を取って授業を参観し，仲間と語り合うことを通して，自分の観方を広く深くしていくことである。
・学校生活の大半を占める授業は，学ぶことを通して子どもの人間形成を支える営みである。授業を「学ぶことと生きること」の統一の場にしていく。
・子どもが育っていくプロセスを描いて，そのための教材や学習活動を準備することも，教師の大切な仕事である。その際に，何よりも目の前の子どもの実態をとらえて方法を選択することが求められる。
・子どもの前に立つ教師こそ，仲間と学ぶことの面白さ，素晴らしさを実感していきたい。

　これまでの学生の記述のように，みなさんが現在の時点でとらえたことを大切にしてほしいと思う。そして，それを仮のものとして，今後も考え続けていってほしい。学校ボランティアに取り組む中で，教育実習の中で，授業を参観する中で，教師となって授業実践をする中で，現在のとらえがどのように揺さぶられ変化していくのであろうか。そういった意味でも，この講義は，「問い続けることへの第一歩」なのである。みなさんは，教職の入門講義を通して，どのようなことを手にするのであろう。

[櫻井　眞治]

第1章　問い続ける「子どもとは，教師とは，授業とは」

● **考えてみよう！**
- ▶ 子どもとはどのような存在であるか。その理由も考えてみよう。
- ▶ 自分はどのような教師になりたいのか。その理由も考えてみよう。
- ▶ 自分はどのような授業がしたいのか。その理由も考えてみよう。

● **引用・参考文献**

次山信男（2009）『この子らの「問い」と「追究」―小学校の生活・社会・総合の授業における諸相』東洋館出版社

寺崎千秋（2015）「アクティブ・ラーニングの現状と授業づくり」教育調査研究所『教育展望』第61巻第3号

諸富祥彦（2013）『教師の資質　できる教師とダメ教師は何が違うのか？』朝日新聞出版

● COLUMN ●

▶ アクティブ・ラーニングになる

　次期学習指導要領の目玉とされるアクティブ・ラーニングについては，現在さまざまなことが論じられている。しかし，心配なことがある。アクティブ・ラーニングという型の中に，子どもが押し込められることはないのであろうか。

　かつて筆者は，小4の子どもたちと学校の周りをゴミに注目して探検したことがある。その中で，ゴミのポイ捨てが多いことが問題として挙がってきた。植え込みに投げ捨てられている空き缶やビニール袋，排水口に捨てられている吸い殻等である。学校の周りの地図に位置づけてみると，どこに，どのような種類のゴミが多いのかということが見えてきた。それを受けて，どのようにしたら，ゴミのポイ捨てを減らすことができるのだろうかと考えた子どもたちが選んだ取り組みは，ポスター大作戦である。その場所でポイ捨てをする人に立ち止まってもらうべく，呼びかけの言葉や絵など，ポスターの表現を工夫した。

　タバコのポイ捨てのことが気になっていたＡ子は，タバコが涙を流している絵を描き，「タバコの訴え」というポスターを排水口の前の電柱にセットした。登校時と下校時には，吸い殻の量の変化を調べたり，ゴミ拾いをしたり，隠れてそのポスターのある場所を見張って，通りかかる人の何人がポスターを見るのか，その場所でタバコを吸う人がどのような反応を示すのか等を，観察し続けたのである。そして，「私のポスターを見てくれた人がいた！　でも，タバコを吸う人が，ちらっと私のポスターを見たのだけれど，その後タバコを吸い始めて，ポイ捨てをしていた。がっかりだった！　だから，ポスターの効果があったのかどうかということは，簡単には言えない。」と，語った。しかし，子どもたちのこのような取り組みは，まちの人の声を引き出し，新たな関わりをひらいていった。「あなたたち小学生なの？　頑張っているね。私たちも応援しますよ！」「そのポスターを町内の掲示板に貼ってもいいですよ！」と，まちの人が応えてくれたのである。子どもたちは，大喜び。弾んだ声で，みんなに報告した。

　問題が子どもに生まれ，その解決に向けて動き，その成果と課題について評価する。活動を通してまちの人との関わりを深め，自分たちの活動が人を動かしたのだという充実感を得ていく。このように，子どもが必然性に沿って学んでいく中で，アクティブ・ラーニングになっていくのである。

［櫻井　眞治］

第2章

「教師は五者たれ」
―教師の仕事の多様性―

● 本章のねらい ●

　第二次世界大戦の前から誰言うともなく「教師は五者たれ」という言葉が生まれ，語り継がれてきた。教師の仕事を「○者」と呼ばれる他の職業に喩えて表現したものである。教師の仕事はいっそう多様化しているが，これら五つは今なお教師の仕事であり続けている。本章ではこの格言の原義を示すよう努めるとともに，教師の仕事の視野と射程を大胆に拡大することで，一見教職と無関係に思える授業科目が教員養成にもちうる意義にも言及する。

第1節　教師「学者」たれ

　五者の筆頭は「学者」である。現代の用語でいえばおおむね「教材研究」に相当する。自分が教える内容について研究者並みに熟知するべし，ということである。いうまでもなく，教科内容についてうろ覚えでは学界で誤りとされている事項を教えてしまう恐れがある。

　教材研究にはもう一つ重要な意味がある。それは，「百を知ってこそ一を教えられる（教えるべき一を厳選できる）」（安河内 2007: 20-21）ということである。いいかえれば，「十しか知らないと十教えたがる」のである。

　一例として，小5社会科「自然条件から見て特色ある地域の人々の生活（内容（1）-イ）」で扱われることのある縦型信号機を取り上げよう。ここ三十年

ほど，着雪によるトラブルを防ぐために，とくに雪の多い交差点ではランプが縦に並んだ信号機が設置されてきた。雪の少ない地方では見慣れないこの縦型信号機の写真は，一部の出版社では教科書にも掲載され，雪国の生活を学習する授業で参照されてきた。

厳密にいえば雪国の信号機すべてが縦型というわけではないし，縦型信号機を設置する理由も雪だけとは限らない。また近年では，LEDを使用した信号機に交換する際に縦型信号機が横型に戻されることがあるという。着雪しにくい横型信号機が開発されたためである。こういったことに逐一言及する「十知って十教える」だと授業は散漫になる。いろいろなことを知ったうえで「雪国に縦型信号機」と単純化して授業を計画することが「百知って一教える」である。教師には，その日の授業で何を学んでほしいのか明確にし，そのために必要な最小限のこと以外はすべて切り捨てる覚悟が求められる。「何を学んでほしいのか」を自信をもって限定するために豊富な知識が必要なのである。それらをすべて児童・生徒に伝えるためではない。

ただし，「百」を知っていれば，児童・生徒が計画外の「九十九」に言及した時に，余裕をもって対処できる。「おじいちゃんちの近くの信号，縦から横に変わったんだよ」などと不規則発言があった時，「いいところに気がついたね，横でも雪に強い信号機ができたんだね」と応じられるか，うろたえてごまかすか，その繰り返しが児童の学びに大きく影響する。

第2節　教師「役者」たれ

1. 授業技術と授業計画

二つめは「役者」である。伝えたいことを的確に伝えるための表現力・演技力を獲得すべしということである。また，個々の場面での表現力・演技力だけでなく，授業の脚本や演出に相当する授業案の作成もここに含めることができよう。これは現代の用語でいえば「授業技術」「授業計画」に相当する。また，学級経営のように集団を指導する「演出家」や「座長」としての役割

を広義の「役者」に含めることも不可能ではないが，ここでは授業に関することに限定して考察する。

　授業とは，教師が注目してほしい事項に児童・生徒が実際に注目するための工夫に満ちた時間である。授業計画は，磨き上げられた脚本のようなものである。そして，これといった舞台装置のない教室で，教師の言葉は単なるセリフではなく，児童・生徒の注目を意図したポイントに集めるためのスポットライトのようなものである。

　たとえば，かつて有田和正は，「バスのうんてんしゅ」という単元（小2社会科。生活科が導入される以前のことである）で，「運転手はどこを見て運転しているか」という発問を生み出した（有田 1988: 4）。この授業の目標は，「バスの車体や運転のしかたについて多様な問題をもたせ，調べようとする意欲をもりあげる」であり（有田 1988: 4），この発問はバスの運転手のたくさんの仕事に注目させるための発問である。

　バスの運転手の仕事に注目させようとすると，直接「バスの運転手は何をしているでしょう」と問うてしまいがちである。しかしこれでは「運転」以外の応答を期待しにくい。「どこを見て」と問うことで，前後左右，計器盤，たくさんの鏡などに注目が集まり，それら一つひとつに対応する運転手の仕事があることが明らかになってゆく。また，児童の家庭での車の運転の状況（左方確認は助手席の人が行っている，前を見たままバックしてぶつかったことがある，など）のような多少的外れな発言でもすることが可能で，それが授業のムードメーカーとして作用することも期待できる。バスとその運転手に対する児童の関心を喚起し，積極的な発言を促すために吟味された発問である。

　また，授業中はもちろんのことそれ以外の場面でも，教師はちょっとした言葉や口調，表情，身振りなどを使い分け，児童に微妙なニュアンスでさまざまなことを伝えなければならない。「ありがとう」という言葉で「もっとよく考えてみよう」と伝えることもあれば，「だめだよ」というだけで「気持ちはわかるけど」とのニュアンスを伝えることもある。全身で言外の意味を表現する，役者並みの演技力・表現力が求められるのが教師である。授業名人といわれる教師は「やめなさい」という指示を13種類言い分ける（家本

2004: 30) といわれる。13種類は単なる比喩だと思う読者もいるであろうが，9種類の笑顔を使い分けていると自覚している教師も実際にいるという（小林・大熊 2007: i)。

　急いで付け加えるべきなのは，授業計画という「脚本」には，児童・生徒の発言や活動という，予測はできるものの完全にはコントロールできない要素が不可欠だということである。授業に真剣に取り組んでいればこそ，ちょっとした着眼点の違いから教師の想定外の発言をする児童・生徒は必ずいる。しかもそういった発言は，時には児童・生徒間の議論を活発化させたり，それまでの教材理解を再検討したりといった，学習活動の深化を促すきっかけになる。教師にはそのような発言に当意即妙に対応し，時には授業計画を臨機応変に修正しつつ授業を成立させてゆくことが求められる。この点で，「教師は役者たれ」という時の役者とは，映画やテレビに出演する俳優よりもむしろ，小さな劇場や路上で，観客の歓声や野次に応答したり，時には積極的に「客いじり（観客に話しかける）」「客上げ（観客を舞台に上げてパフォーマンスに参加してもらう）」を行ったりする寄席芸人や大道芸人のようなものである（山田 2012）。

2. 大人と接するチャンネル

　今日では「役者」の一環として，保護者（大人）と接するための表現・演技の「引き出し」をもつことが必須になっている。村でただ一人の知識人として尊敬された昔ならいざ知らず，「教師は世間知らず」といわれて久しい。児童・生徒との接し方は大学で学び，さらに日々の実践で鍛えられてゆくが，大人との接し方は時折座学で学ぶ程度で，実際に大人と接する機会は少なく，多少失敗してもただちに目に見える実害が生じることは少ない。そのため，油断すると教師の保護者との接し方は，大学生レベルにとどまってしまうことがある。語尾を伸ばしたり上げたりする，時間を守らない，文書の間違いや手続きの不備に無頓着などはその典型である。

　一例を挙げれば，保護者会を定刻に始めない教師がいる。下校指導が長引くなどのやむを得ない事情はあるにしても，「定刻を過ぎてしまって申しわ

けありません」の一言はほしい。何しろ，保護者会の大半は，共働き家庭の保護者が仕事を休まなければならない平日昼間に開かれる。たとえ有給休暇を取得できたとしても，同僚や上司に頭を下げて仕事をやりくりして駆けつけるのである。共働きでなくても，就学前のきょうだいを同伴しなければならない人や，高齢者の介護をしている人など，保護者会はできるだけ短いほうがありがたいという人もいるであろう。定刻に開始するのは最低限のマナーである。ひるがえってみれば世の中には，製品の納入が納期に間に合わなければその後の取引で不利な条件を強いられる職場や，商品代金の支払いが期日に間に合わなければ不渡りを出し，自社ばかりでなく取引先まで連鎖倒産の危機にさらす職場もある。時間厳守は社会人の基本である。そのような世の中で，時間管理のルーズさが続けば学校は保護者の信用を得られない。当然協力も得られないし，ちょっとしたことで保護者の不満は爆発する。爆発してしまえば保護者の中に学校の味方や仲裁役が現れることは期待しにくい。

　近年，学校に無理難題をいう保護者が増えたといわれる（小野田 2006）が，保護者の視点から見れば先に無理難題をいってくるのは学校のほうである。授業で使う道具や材料を〇日以内に用意せよ，給料日間際に教材費を〇円用意せよ，〇時に寝かせろ，〇時には起こせ，校門（昇降口）は〇時まで施錠しているからそれまで学校に来させるな……。自営業であろうと夜勤があろうと，家庭は学校独自のリズムに合わせることを求められている。学校の教育活動は各家庭の努力の上にのっている。しかも共働きの核家族が増えたうえに生活様式が多様化した現在，学校は変わらなくても相対的に家庭の負担は増している。保護者会が平日昼間だというだけで共働き家庭の負担感は大きい。一方，自営業で平日のほうが好都合だという保護者もいるなど，誰もが満足するような調整はほぼ不可能である。保護者に学校の都合にあわせてもらうしかないことは多い。そのためにも，教師も社会人としての最低のマナーは身につけなければならない。職場で学ぶ機会が足りないなら自分で意識して学ぶしかない。アナウンサーを目指す人が学生時代から地元のアクセントを矯正するようなものである。現に，教師になってから困らないようにと，学生時代から丁寧な言葉遣いを心がけている学生もいる。

その視点からいうと，レポートが締切に遅れようと書式が指示と違っていようと平然としているような学生は，教師を目指すことを本気で考え直すべきである。また，「しつれしまーす」などと挨拶していないか。「しつれいいたします」ときちんと発音するように。手書き文字は丁寧に書けるか。板書や連絡帳など，教師は手書き文字を見られることが多い職業である。「そ」と「ひ」と「を」，「て」と「と」，「い」と「り」，「か」と「や」などを書き分けられない学生がいるが，そんな字で連絡帳を書いたら「これだから教師は」といわれるのは目に見えている。「こっちが「そ」だからこっちは「ひ」だな」などと読むほうが考えなければならないようでは書き分けたうちに入らない。誤字はもってのほかである。筆順にも敏感でありたい。筆跡を見て筆順の間違いを見抜く保護者もいる。板書の筆順の間違いが児童・生徒を通じて保護者に伝わることもある。

第3節　教師「医者」たれ

　三つめの「者」は「医者」である。これは元々，児童・生徒の健康状態に気を配る，という意味で，本来の医療（医師よりむしろ看護師）に近い仕事を指していたようである。現在でも，これは「学校保健」という教師の重要な仕事の一つである。ともすれば養護教諭の仕事と考えられがちな学校保健であるが，学級担任をはじめとする一般の教師にとっても必須の仕事である。現に，小学校では朝の出欠確認を「健康観察」と呼び，出欠だけでなく児童の体調も確認している。さらに今日では，精神面の健康状態（メンタルヘルス）に注意を払うことも学校保健の一部とされている（文部科学省 2009）。学校保健に直接は含まれないが，給食指導や清掃指導を保健・衛生という観点から「医者」に含めることも可能である。

　朝の健康観察のようなルーチンワークだけでなく，児童・生徒の健康状態を随時的確に把握することは欠かせない。たとえば，ある教育実習生は，低学年児童が授業中しきりに「ねむい，ねむい」といっているのを聞き流して

いたところ，あとでその児童が高熱を発して「だるい」と訴えていたことがわかって深く反省したという。メンタルヘルスについては「子どもは，自分の気持ちを言葉でうまく表現できないことが多く，心の問題が顔の表情や行動に現れたり，頭痛・腹痛などの身体症状となって現れたりすることが多いため，きめ細やかな観察が必要である」と指摘されている（文部科学省 2009: 11）が，少なくとも低学年児童に関しては，身体の健康状態についてもことは同様である。「医者」としての教師は，問診ができない獣医にも似ている。

　一方，高学年児童や中学生・高校生になると，自分の体力を過信したり，時には体調不良を訴えることで被る不利益を避けようとしたりして，体力的にリスクの高い活動に参加したがることがある。林間学校でみんなと一緒に山頂に立ちたいからと怪我をおして登山に参加しようとすることや，プールでの自由遊びに参加したいがために体調不良をおして水泳の授業に参加することなどが典型例である。これらは，健康どころか生命にかかわる事故にもつながることであり，教師は時に本人の意思に反してでもその活動への参加を止める必要がある。熱中症の予防はその典型例である。

　さらに，心身の健康への配慮を意味する「医者」を，「診断」という概念を象徴するものと考えてみるならば，教師には健康状態以外にもさまざまな「診断」が求められている。たとえば，授業中の挙手について，「ある小学校の先生は，『当ててほしい子は，小指がわずかに動く。それを見逃さない』と言っておられます。」という指摘がある（石川 2005: 24）。高々と挙手するのが苦手な内気で引っ込み思案な児童の小指の動きから，発言したい気持ちを敏感に察知することで，その児童に発言の機会を保障することができるのである。

　このような「診断」を「医者」に含めて見るならば，「医者」とは「現在の児童・生徒理解」といいかえることも可能な仕事である。それは「教材研究」「授業技術」と並んで授業を支える三本柱の一つである。あえて「現在の」と限定する理由は第四の「者」である「易者」との対比で明らかとなる。

第4節　教師「易者(えき)」たれ

　四番めの「者」は「易者(占い師)」である。元々の意味は進路に関して適切な助言ができることであったという。これは現在も，「進路指導(キャリア教育)」として教師の重要な仕事であり続けている。ともすれば上級学校への進学指導と混同されがちな進路指導であるが，児童・生徒が将来社会的・職業的に自立して社会貢献と自己実現を両立するための支援全般が進路指導であり，このことを強調するために今日では進路指導よりも「キャリア教育」という言葉を使うのが一般的になりつつある。中等教育(中学・高校)だけでなく初等教育(小学校)においてもキャリア教育が推進されるようになっている(文部科学省　2011)。

　ただし，「易者」を「予測」の象徴として考えてみるならば，教師が予測すべきは児童・生徒の数十年後の職業人としての姿だけではない。ほんの数日，数時間，数分後の児童・生徒の姿を予測することも不可欠である。

　たとえば，ある小学校で，授業中に一人の児童が同級生にからかわれてパニック状態になり，教室を飛び出してしまったことがあった。実はその日の授業が始まってまもなく，担任の教師は当該児童に対して，「ちょっとテンション下げてくれる？　君がそういうテンションの時は何か起こることがあるから」と語りかけていた。教師は，過去に何度かパニックを起こしたことのある当該児童がその日の授業でパニックを起こすかもしれないことを，実際のパニックが起こる十数分前に察知していたのである。その日の授業は児童による話し合いと発表活動で，教師が当該児童に対応するために教室の外に出たあとも児童は自分たちで発表を進めていた。教師は自分が教室を離れる事態が起こりうることを想定して，その日の授業の内容を修正・変更したのかもしれない。

　もう一例，ある中学校の国語の授業。「今日は授業冒頭に漢字テストをやります」と見学者(筆者)に言い置いて教室に入った教師は，漢字テストの用紙を生徒に見せることさえなく，輪番による音読を始めた。この学級では，

長編小説を一年かけて音読することになっており，生徒は国語の授業には毎回必ず小説の文庫本を持参し，あらかじめ指定された分担箇所を音読できるよう準備しておくように指示が出ていた。教師は冒頭からいきなり授業計画を変更し，抜き打ちで音読を求めたのである。

このとっさの変更について，当該教師は授業終了後に，「大きな行事の直前で，昼休み終了後の騒然とした雰囲気の中で静かに漢字テストを実施することは難しいと判断し，声を出し，黙って聞くという音読に変更した」と語った。こちらの例では明らかに教師は予測にもとづいて授業内容を変更したのである。

さらに，同じ教師は，授業中の個別作業時間を1分単位で指示していた。同じ作業でもある学級では7分，別の学級では8分というようにである。「学級全体のおおむね三分の二が作業を完了し，しかも退屈しておしゃべりを始めないくらいの時間」を，その日の学級の状況から判断しているのだという。判断の根拠は「この日この時間の，この学級の状況」という曖昧なものであるが，教師は経験知から数分後の学習の進捗状況を予測し，それに応じて授業を行っているのである。このように予測全般，「未来の児童・生徒理解」と拡大解釈できるのが「易者」である。

さらに，予測を言葉にすることで予測された事態が現実化する「予言の自己成就」を，教師は時に意図的に行うことがある。「一秒先をほめる」などと呼ばれる授業技術の一つである。授業中の姿勢がだらしない児童が，ちょっと上体を傾けた瞬間に「お，いい姿勢で座り直すんだね」と声をかけるなどがこれにあたる。一秒先の姿勢を正した状態を先取りしてほめてしまうのである。「姿勢を正しなさい」と注意すると険悪な雰囲気になるし，児童が姿勢を正さなければ「先生の指示には従わなくてよい」という誤ったメッセージが教室内の他の児童に伝わってしまう。からだを動かした瞬間なら，児童がより正しい姿勢に修正することは，元のだらしない姿勢に戻ることとともに選択肢の一つとなる。ここで「姿勢を正すんだね」と指摘されて元の姿勢に戻れば，教師に対する積極的な反抗になってしまうので，よほど覚悟を決めた児童でなければ多少なりとも姿勢を正す可能性が高いという。もちろん，

そこであえて元の姿勢に戻ると予測される児童・生徒に対してこの声かけを控えるべきであるのはいうまでもない。

第5節　児童・生徒理解としての社会・時代の理解

「医者」「易者」を，学校保健，キャリア教育という元々の意味をひとまず離れて「児童・生徒理解」という一つの仕事の二つの側面として見るならば，その内容は目の前の児童・生徒個々人を理解することにとどまらない。彼らがどんな社会（時代）に生きているかを「診断」し，どんな社会（時代）に生きてゆくかを「予測」することも広義の「児童・生徒理解」である。

たとえば，現代の教育が「みずから学び，考え，判断し，行動する力」の育成に力を入れているのは，今後の社会でその力が重要になるという「予測」と，現在の児童・生徒にその力が不十分であるという「診断」にもとづいている。逆に，現代の児童・生徒の多くはマッチをすって火をつけることができず，大半はナイフで鉛筆を削ることができないが，これらが学校教育において改善すべき課題として大々的に取り上げられることはまずない。そうした能力が今後の社会で必要とされることはほぼないと「予測」されているからである。通常，このような「診断」と「予測」は教育行政レベルで行われ，学習指導要領等を介して学校の教師には課題だけが提示される。しかし，微視的に見れば教師自身が「診断」「予測」を行うことも必要である。校区や児童・生徒の実態に応じたローカルな「診断」「予測」は今でも推奨されているが，教師がより一般性のある「診断」にかかわることもある。マッチやナイフの使い方とまではゆかずとも，学校ぐるみの調査で就学前のお絵かきや紙工作が国語の学力と，しりとりが算数の学力と相関関係にあることを指摘した例もある（「金川の教育改革」編集委員会 2006: 71-76）。姿勢のよさと学業に積極的に取り組む態度とが相関関係にあることを指摘した例もある（加藤ほか 2014）。目の前の児童・生徒に学び，彼らに必要な能力（学校教育の今後の課題）を「診断」「予測」して，時には広く世に訴えてゆくことも教師の

仕事の一つである。

　このことをふまえるならば，日々の授業に直接は役立たない知識といえども，児童・生徒が生きており生きてゆく社会（時代）を診断・予測する手がかりとして見出される。過去の教育実践について学ぶのは現代の教育の特徴を知るための，海外の実践について学ぶのは日本の教育の特徴を知るための手がかりである。個々の教師の力では容易に改変できない学校制度や教育行政・財政のあり方について学ぶことも，児童・生徒がそこで生きている社会の一端を明らかにする児童・生徒理解としての性格をもっている。学校も教師も児童・生徒にとっての学習環境の一部だからである。教師は具体的な個人であるばかりではなく，制度や行政の仕組みの中で特定の役割を担って児童・生徒の前に立っている。巨視的な教育論はそのような教師を前にして過ごす児童・生徒の現在を理解することを含んでいるのである。

第6節　教師「芸者」たれ

　「医者」「易者」の拡大解釈という迂路を経たが，五番目の「者」は「芸者（げいぎ）」である。文字通り芸妓のようなエンターテナーを指すとする見方（安河内 2007: 29-32）もあるが，今以上に謹厳実直・品行方正であることを求められた戦前の教師を酒席に侍（はべ）る芸妓にたとえたとは考えにくい。五番目を「行者」「道者」とする説もあり，またエンターテナーとしての側面は「役者」にも含まれることを考慮するならば，職業としての芸妓を指すというよりは，「芸達者」や「武芸者」の省略としての「芸者」と考えるほうが妥当であろう。一芸に秀で，また一芸を極めようと努力を続ける人，という意味である。

　これは，教師の仕事としては「研究と修養（研修）」に相当する。教育基本法第9条に「法律に定める学校の教員は，自己の崇高な使命を深く自覚し，絶えず研究と修養に励み，その職責の遂行に努めなければならない」とある（教育公務員特例法第21条にも同様の規定がある）。教師は，不断の向上心をもつよう法律によって義務づけられた希有な職業なのである。

ここで注意すべきなのは,「研究と修養」の内容である。『広辞苑（第6版）』によれば, 研究は「よく調べ考えて真理をきわめること」, 修養は「精神を練磨し, 優れた人格を形成するようにつとめること」である。これを字義通りに受け取るなら, 現在教師の「研修」として行われる講習等で提供される, 授業力の向上やいじめ・学級崩壊の予防のような日々の実践にすぐ役立つ知識や技術だけが「研究と修養」ではない。教師自身の人間としての度量や見識の向上はみな「研究と修養」, とくに「修養」に含まれる。「芸者」として秀でるべき一芸は, 授業に直接役立つ知識や技能だけに限られないのである。中堅以上の教師の多くが教員養成課程の学生に対して「趣味を持て」「何かに熱中する経験をせよ」と助言する所以であろう。何かに熱中した経験はその人の思考・行動様式に強く影響する。野球の指導者の思考様式が現役時代のポジションに応じてタイプ分けできるといわれるように。教師にとってこのような影響は, 授業もさることながら生徒指導, とくに学級経営により強く反映される。ダンサーはダンス（群舞）のような学級経営を, 登山家は登山のような学級経営を, 球技に熱中した教師は各自が打ち込んだ球技に似た学級経営を, というように。本人がそれを自覚していなくても, 周囲から見ている人がその教師の経歴を知れば「なるほど, そういわれてみれば〜をやっていた人のスタイルだ」と首肯するような影響である。

　また, 時には, 教師の仕事とは無関係に打ち込んできた趣味や特技が, 思いがけず学校教育に直接役立つこともある。たとえば, 長くストリートダンスに親しんできた学生が, 卒業後, 縁あって中学校に職を得たときのこと。おりしも中学校の保健体育でストリート系のダンスが「現代的なリズムのダンス」として選択必修化され, 指導者不足が深刻であった。当該の新人教師は, 担当教科は保健体育ではなかったが, 保健体育科の教師のためにみずからモデルを務めてレッスンビデオを作成するなど,「現代的なリズムのダンス」の授業に大いに貢献した。保健体育科のカリキュラムの変更という情勢の変化に伴って, それまで学校とは無縁だったストリートダンスが脚光を浴びたのである。「いつ, 何が役に立つかわからない」のが教師の仕事である。

以上,「五者たれ」をヒントに教師の仕事の多様性を概観してきたが,最後に,これら「五者」の登場順がそれぞれの優先関係を表しているわけではないことには十分注意してほしい。五者それぞれが互いに補い合って教育活動の質を高めるのであり,優先関係があるとしてもその時々の状況によって変わる一時的なものである。

〔山田　雅彦〕

● **考えてみよう！**
- ▶ 教師の仕事を具体的に列挙し,それぞれが「五者」のどれに該当するか考えてみよう。
- ▶ 「五者」にあてはまらない教師の仕事を見つけ,それらをまとめて表現する「○者」という言葉を作ってみよう。

● **引用・参考文献**
有田和正（1988）『社会科「バスの運転手」』明治図書
家本芳郎（2004）『〈教育力〉をみがく』寺子屋新書
石川保茂（2005）『教師の力』ミネルヴァ書房
「金川の教育改革」編集委員会編著（2006）『就学前からの学力保障』解放出版社
小野田正利（2006）『悲鳴をあげる学校』旬報社
加藤勇之助・横尾智治・早貸千代子・岡崎勝博・中西健一郎（2014）「生徒の姿勢改善と主体的問題解決能力との関係」『筑波教育学研究』12: 19-37
小林正幸・大熊雅士編著（2007）『現役教師が活用する仕事術──大学では学べない教師学』ぎょうせい
文部科学省（2009）『教職員のための子どもの健康観察の方法と問題への対応』
　http://www.mext.go.jp/a_menu/kenko/hoken/1260335.htm（2014年9月30日閲覧）
文部科学省（2011）『小学校キャリア教育の手引き（改訂版）』
　http://www.mext.go.jp/a_menu/shotou/career/1293933.htm（2014年9月30日閲覧）
安河内哲也（2007）『できる人の教え方』中経出版
山田雅彦（2012）『授業成立の基礎技術──「教壇芸人」への道』東京学芸大学出版会

● COLUMN ●

▶ 「役者」修行として教師以外の職業をやってみる？

　本文中で、「役者」として大人と接するためのチャンネルをもつことの重要性に言及したが、その重要性に気づいているせいか、「しばらく別の職業を経験してから教師になる」ことを考える教師志望者も珍しくない。最終的な判断は読者各位に委ねるが、教師にとっての「社会勉強」として、企業経験はそれほど有効ではない。現に企業経験のある教師は少なくないが、その実力はまさに玉石混淆である。

　「教師は世間知らず」といわれる背景には、多くの保護者が職場を含む自分の生活圏で接する人々（同僚、顧客、取引先）を基準にして教師を評価する、という事情もある。職場ごとに「一人前」の基準が少しずつ異なっている一方で、教師の接する大人にはこの世の大半の職業が含まれるので、誰から見ても教師は多少ずれている、つまり「世間知らず」ということになる。

　社会勉強を積むために企業に就職しても、一つの職場で学べるマナーにはその職場独自のものが少なからず含まれる。これを嫌って複数の職場を転々とすれば、企業人というよりはフリーターである。しかも、教師志望者が就職するのは多くの場合経営が安泰な企業である。他の目的があるならともかく、社会勉強としての企業経験は「葦の髄から天井のぞく」ようなものである。時間管理や敬語の使い方といった社会人として共通（最低限）のマナーを学ぶために企業に就職するとしたら就職先の企業が迷惑するし、わずか数年の企業経験を鼻にかける教師ならかえって信用は失墜すると考えるべきである。企業で学んだことが学校で役に立つこともあろうが、それは、一生の仕事として企業に就職して夢中で仕事を覚え、それでも教師への思い断ちがたく悩んだ末に転職した人が恵まれるものである。

　一方、教師志望者の社会勉強の機会として、学生時代のボランティア活動やアルバイトがある。サラリーマンが来店する店や主婦が多数働いている店はさまざまな大人に接する格好の場所である。報酬や勤務時間、風紀などの条件を十分考慮して問題がなければ、試してみる価値はある。　　　［山田　雅彦］

第3章

心の成長とキャリア発達

● 本章のねらい ●

　人は生涯を通して成長する。大人になると，成長が止まるわけではない。職業人となっても心の成長は続く。親になっても心の成長が待っている。職業を選ぶプロセスや，新人として，また，中堅となったときも，管理職になったときにも，退職するときにも，心の成長は続いていく。社会人としてだけでなく，もちろん，一人の個人として，豊かに人生を送るための成長もある。社会の中で生きていくには，その時期，その時期の心の成長，心の発達が続いているのである。これらはキャリア発達と呼ばれている。この章ではキャリア発達について考える。さらに，教職を選ぶことについても考える。

第1節　エリクソンの心理社会的発達理論

　その心の成長，心の発達とはどのようなものであろうか。エリクソン（E. H. Erikson）は人生を8段階に区分して，それぞれに発達課題と心理社会的危機（psychosocial crisis），重要な対人関係，心理社会的様式を設定した（エリクソン　1973）。

1．乳児期　（基本的信頼感　対　不信感）
　乳児期で重要なことは基本的信頼の獲得であるとされる。養育者に対して

表3.1 エリクソンの心理・社会的発達段階

	発達段階	心理社会的危機	重要な対人関係の範囲	関係の深い社会秩序要素
1	乳児期 0～1.5歳	基本的信頼感 対 基本的不信感	母親的な人物	宇宙的秩序
2	幼児前期 1.5～3, 4歳	自律性 対 恥, 疑惑	親的な人物（複数）	法律と秩序
3	幼児後期 3, 4～5, 6歳	積極性 対 罪悪感	基本的家族	理想的な標準型
4	児童期 5, 6～11, 12歳	勤勉性 対 劣等感	近隣・学校	テクノロジー的要素
5	青年期	同一性 対 同一性拡散	仲間集団と外部集団の指導性のモデル	イデオロギー的な展望
6	成人前期	親密性 対 孤立感	友情・生・競争・協力の相手	協同と競争のパターン
7	成人中期	再現性（生殖性） 対 停滞性	分業と共同の家庭	教育と伝統の継承・流れ
8	成人後期 （老年期）	統合性 対 絶望	人類全体・コスモポリタン的な範囲	知恵・叡智・老成

(出所) エリクソン (1973), エヴァンズ (1971) を基に作成。

信頼を置くことができるか，安心して心穏やかにいることができるか，という人間関係の基礎がはぐくまれる時期である。一方，基本的な信頼を得ることができない，安全を確保されない，虐待があるような不信に基づく関係が築かれると，その後の人間関係に深い影響を及ぼすことになる。

2. 幼児前期 （自律性　対　恥, 疑惑）

　トイレットトレーニングの頃，自分でコントロールできるかということに関しての自律性を達成することができるかどうかが課題となる。いやいや期

ともいわれるが、「自分で」行動することにこだわりが生じて、下着や靴下など自分で履くと言い張って、逃げ回ったりする。このような行動も自律性の獲得には重要である。自分で達成できれば、自律性を獲得でき、自分での達成が養育者に認められないと疑惑をもつようになる。

3. 幼児後期　（積極性　対　罪悪感）

幼児期後期では行動の主体である自分に対して自信が広がっていく。自分で積極的に行動しようとする意欲が強くなる。行動の主体として自分で行動を開始できるようになり、自主性の獲得につながる。大人からこれに対して強い制限がかけられると、気持ちが萎縮したり罪悪感を強くもったりするようになる。主体的に遊びを行い、のびのびと自分の主体感を育成できれば積極性をのばして自分を発揮できるようになり、自分の行動の主体性を制限されれば、不必要な罪悪感を抱えてしまうようになる。

4. 学齢期　（勤勉性　対　劣等感）

学齢期に達すると、自分で起床して登校する、スポーツクラブやお稽古事に通うなど、継続して何かを達成することが重要となる。継続して何かをなし遂げることが勤勉性であり、これができないと劣等感をもつとされる。継続して何かを続けているという自信が、自尊心となり、周囲の承認を得ることにつながる。

5. 青年期　（同一性　対　同一性拡散）

青年期は自我同一性（ego identity）――自分がどんな人間かということ――を確立することが課題となる。自我同一性の確立がなされないと同一性拡散（identity diffusion）という危機を迎えることになる。自分が誰であるか、どのような人であるかの自己像がばらばらになってしまい、混乱状態が生じて、社会に適応的に関わっていくことが困難になると考えられている。青年期は自分の行き方や社会の中での役割を見出そうと葛藤しながら模索を続けていく時期である。このアイデンティティの確立は青年期のみならず、それ以降

の人生にとって大きな影響を与える。

6. 成人前期　（親密性　対　孤立感）

前成人期の発達課題は，親密さである。他者と真の親密な相互関係をもつことが課題となる。他者を信用して，パートナーシップをもつことはこの時期の重要な課題である。他者と親密に関わることができないと孤立をもたらす。

7. 成人中期　（再現性　対　停滞性）

成人期の発達課題は，再現性（生殖性 reproductivity）である。再現性（生殖性）とは，次の世代を育てていくことに関心をもつということであるとされている。この再現性（生殖性）は，結婚して子どもを育てることだけでなく，社会的に仕事をすることや創造的な仕事をすることも含んでいる。つまり次世代に何かを残そうとすることが再現性（生殖性）とされているのである。自己のみに関心が集中し，自分の行動を社会や時間軸の中で位置づけられないと人格の停滞を呈することになる。

8. 成人後期（老年期）　（統合性　対　絶望）

成熟期の発達課題は，統合性である。人生のまとめの時期に際し，自分の人生をどう評価するか自分自身で統合性を見出すことが必要になる。自分の人生の歩みを受容して，肯定的に統合することが重要になる。統合性を獲得することによって，人生の円熟期を心豊かに過ごすことができる。一方，自分の人生に意義が見出せないと，絶望の中で人生の締めくくりの時期を迎えることになる。

このエリクソンの心理社会的発達段階では，それぞれの発達段階に通過すべき発達課題があり，それを達成することにより，次の発達段階に円滑に向かうことができると考えられている。それぞれの発達段階の課題を達成できないと，その課題を次の発達段階に入っても引きずってしまうととらえられ

ている。人生のそれぞれの時期において，その発達段階特有の問題に取り組んでいくことが，重要であるといえる。

第2節　青年期のアイデンティティ・ステータス

さて，次は青年期のアイデンティティの獲得のプロセスを詳しく見ていこう。

アイデンティティの達成までの様相を，マーシャ（J. E. Marcia）はアイデンティティ・ステータスと名づけ，アイデンティティ確立に向けてどのような状況があるかを，危機（crisis）と積極的関与（commitment）という二つの要素により分類を行った（Marcia 1966）。二つの要素のうち，危機とは，アイデンティティ確立に向けて，危機（crisis）を経験したか，つまり，いくつかの役割を自分で試みたことがあるか，それらにいくらかの時間をかけたのか，という要素である。社会とどのように関わっていこうかという悩みを経てはじめて危機を経験したといえる。次に，積極的関与（commitment）とは，人生の重要な領域（生き方・職業・価値観など）の問題を自分の問題としてとらえ積極的に関与しているか，ということである。この二つの要素により，アイデンティティ・ステータスは拡散，早期完了，モラトリアム，達成の四つに分類される。

1. 拡散（Diffusion）

危機を経たか経ていないかに関わらず，積極的な関与ができない状況をアイデンティティの拡散と呼ぶ。自分が誰であるのか，どのような人であろうとするのかについて，自分の問題としてとらえることができない，あるいはそのような問題を避けている状況をさす。アイデンティティが拡散した状況では，他者と親密になることもできず，自分について自信をもつことができない，あるいは高すぎる自己評価や低すぎる自己評価の間で安定できない状況になる。

2. 早期完了（Foreclosure）

　自分では積極的に自分の将来を選び取ったと考えているが，危機を経ていない状況は早期完了と呼ばれる。

　両親の価値観や社会の価値観を無批判に受け入れて，自分の生きる道を決めたように振舞っているが，その価値を相対化して，危機を経てから選び取ったものではないため，わずかな状況変化にも対応できないことがある。つまり，自分の職業などを決定していても，主体性や責任感に裏打ちされたものではない状況である。

3. モラトリアム（Moratorium）

　モラトリアムとはもともと猶予期間をあらわす単語である。エリクソンは心理的・社会的な責任の猶予期間のことをモラトリアムと呼んだ。

　大人になるために必要な自分の社会的な役割や価値観を探求していて，危機の中にいる状況をマーシャはモラトリアムとした。アイデンティティを達成することが必要であることは知っていて，積極的な関与を行おうとは考えていても，あいまいで模索中の状況であるといえる。

　単に，自分が社会的な役割を選び取ることを先延ばしして，今は考えないとしている状況や，自分の社会的役割を決定しているわけではないが，今の状況でできることに取り組もうとしているような状況もある。

4. 達成（Achievement）

　危機を経験し，それを通じて自分で選択した人生のあり方に対し，積極的関与をしている状況をアイデンティティ・ステータスで達成と呼ぶ。

　自己のアイデンティティを確立するには，危機の経験と積極的関与が必要であるが，その双方を満たして自分のあり方を見据えることができている状況である。この状況においては，自信をもつことができ，親密な人間関係の形成ができると考えられる。

第3節　職業選択とキャリア理論

　今まで，心理社会的発達段階と，青年期のアイデンティティの達成までの発達段階を見てきた。青年期にアイデンティティの達成にあたって，何をして，どのような仕事を選んで生きていくかを選択していくことが，心理社会的発達において重要であることが伺える。

　そこで，職業を選ぶこと，キャリアを形成しいくことに関する発達を見ていこう。

　職業選択の理論は20世紀の初め頃にアメリカで発展し始めた。同じ頃にはフランスでは公教育の導入に伴って，ビネー式知能テストが開発された。フロイトの活躍も同時期である。それまでの封建的な社会体制においては，職業を選ぶこともできなかったが，近代的な体制に移行して，誰もが教育を受け，職業を選び，自我，つまり，自己決定力が重視される時代背景があったといえよう。

　職業指導の創始者ともいわれるフランク・パーソンズ（Frank Parsons）は職業選択理論を提案した（Parsons 1909）。そこでは自己分析，自分自身による選択と意思決定というような現在にも通じる要点が指摘されている。職業選択は自分の適性とさまざまな職業に求められる資質・条件との間でのマッチングを行うことであるとされた。

　また，職業選択にはパーソナリティの要因という考え方もあり，パーソナリティの形成に家族の影響があることから，パーソナリティと家族の影響の関係を要因とした理論もある。

1. 職業的発達理論

　職業的発達理論は，職業決定までの長い間の発達のプロセスを説明しようとするものである。ギンズバーグ（E. Ginzberg）は，職業選択は一つの時点でなされるという従来の考え方を脱却し，職業選択は発達過程において，長い時間をかけて形成されるという考え方を提示した（Ginzberg et al. 1951）。

ギンズバーグらは精神医学，社会学，心理学，経済学からなるチームを形成し，青年期の学生を対象とした職業選択に関する面接調査を実施し，青少年の面接結果に基づき，職業選択までの発達を，空想期（生後～11歳），試行期（11～17歳），現実期（17歳～20歳代初期）の3段階に分類し，職業選択の発達の特徴を三つに要約した。

〈当初の理論〉
①職業選択は，青少年の全期間を通して行われる。
②職業選択の過程は，連続的なもので，基本的には後戻りできない。
③職業選択は，個人的要因（興味・能力・価値観）と現実的要因（雇用機会）との「妥協」で終結する。

その後批判を受け，継続的な研究によって，およそ20年後に修正版を発表した。

〈修正版の理論〉
①職業選択は，生涯を通して行われる。
②職業選択の過程は，後戻りも可能であるが，時間や経費などの損失も受ける。
③職業の選択・決定は，個人的要因と現実的要因の最適化の過程である。

職業選択が行きつ戻りつする長い年月のかかる発達過程であること，最適化のプロセスであることが強調されている。

2. スーパーの理論

(1) スーパーの職業的発達段階と発達課題

スーパー（D. E. Super）は，ギンズバーグの研究チームをスタートとして現象論的自己論の立場で独自の職業的発達理論を提唱した（Super 1957）。そして，スーパーは，ハビィガースト（R. J. Havighurst）などの発達段階説などを検討して，職業発達段階と課題を示した（**表3.2**）。この考え方によれば，ある発達段階において解決すべき発達課題を解決することが発達であるとしている。

第 3 章　心の成長とキャリア発達

表3.2　スーパーの職業的発達段階

発達段階	時期	職業的発達段階	説明
A　成長段階	児童期 青年前期	自分がどういう人間であるかということを知る。職業世界に対する積極的な態度を養い、また働くことの意味について理解を深める。	一つの役割を果たすこと（しばしば尊敬する成人や友人に自分を同一化する結果として）により、また学校や自由時間、その他の活動によって児童は自分が何がうまくやれるのか、何を好むか、他の人と自分はどんな点で違うかということを理解し、このような知識で自己像というものをつくりあげる。
B　探索段階 　1　試みの段階	青年前期 青年中期	職業についての希望を形づくって行く。	自分に適切だと思う職業の水準や分野について、大まかな予想を立てていく。
2　移行の時期	青年後期 成人前期	職業についての希望を明らかにしていく。	学校から職業へ、あるいは学校から高等教育機関に移行する。その際大まかな予想をある一つの選択へと絞っていく。
3　実践試行の時期	成人前期	職業についての希望を実践していく。	暫定的な職業について準備し、またそれを試みることによって、それが生涯にわたる自分の職業となるかどうかを考える。その職業経験はまだ準備的なものでその経験によって、積極的にその職業を続けるか他の分野に進むかが考えられる。もし他の分野を考えるようになれば、改めてその他の分野が何であるかとかその職業に対する方向づけを行っていかなければならない。
C　確立段階 　1　実践試行の時期	成人前期から30歳ごろまで	職業への方向づけを確定し、その職業に就く。	必要な機能や訓練経験を得て、一定の職業に自分を方向づけ、確立した位置づけを得る。今後起こる職業についての移動は1つの職業内の地位、役割、あるいは雇用場所の変化が主になる。
2　昇進の時期	30歳代から40歳代中期	確立と昇進。	その後の経験を積み、輩下を得、また能力を高めることによって、その地位を確かなものにし、また昇進する。
D　維持段階	40歳代中期から退職まで	達成した地位やその有利性を保持する。	若年期が、競争が激しく新奇な発想が豊富なのに比べて、この時期は、現状の地位を保持していくことに、より力が注がれる。
E　下降段階	65歳以上	諸活動の減退と退職。	人びとは、やがてくるかまたは実際に当面する退職にあたって、その後の活動や楽しみを見出すことを考え実行していく。

（出所）木村（2003: 35）より作成。

第Ⅰ部　教職に就く

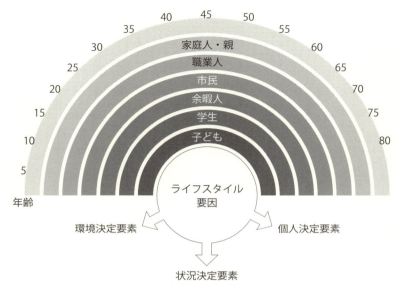

図3.1　キャリア・ライフ・レインボー

（出所）Super, D. E. & Minor, F. J. (1987)
https://runninginaforest.wordpress.com/2012/09/04/metaphors-of-career-3-cycle/ に基づき作成。

(2) キャリアの虹（キャリア・レインボー）

　スーパーは，キャリア・レインボー（Life Career Rainbow）という概念を提示している（図3.1）。

　人はその生涯において九つの大きな役割を演ずることになる。次々と接近した年代にいくつかの役割を同時に演ずることとなる。個々の役割を演ずる舞台（家庭，学校，職場，社会など）で，人は自分の役割を再構築していく，それが発達である。それらを支える背景となるものが，個人的決定要因と状況的決定要因であるとした。

3. キャリア発達の定義

　スーパー（Super 1980）はキャリアについて「キャリアとは生涯過程を通して，ある人によって演じられる諸役割の組み合わせと連続」とした。キャリ

アという用語は，広義では生涯を通して演じられる役割（ライフ・ロール）をさす。このキャリアはライフ・キャリアという意味である。キャリアには，狭義では，「職業キャリア」をさす。そのため，「ライフ・キャリア」と「職業キャリア」のどちらをさすかあいまいなときがある。

しかし，現代においては，職業人としての自立のみが人生設計の重要な事項であるとはされず，生涯発達の中で，職業も個人としてのさまざまな役割や発達課題の中の一つとしてとらえることが重要になってきているといえる。生涯を通して，さまざまな経験や役割や社会とのかかわりを通して，自己理解を深めて成長していくプロセスがキャリア発達と考えられるようになってきた。

4. プランドハップンスタンス理論

クルンボルツ（J. D. Krumboltz）らは，プランドハップンスタンス理論を提唱した（Mitchell, Levin & Krumboltz 1999）。

キャリアは偶然の出来事によって大きく影響を受ける。自分で予想しなかったことに興味をもつことで成長のチャンスが生じる。偶然の機会をただ待つのではなく，自分から計画してチャンスを広げること，好奇心をもって，たゆみない努力で，楽観的に，リスクを恐れずに行動することで，キャリア発達の転機を起こそうとすることの重要性を強調している。

機会をもつことの重要性はバンデューラ（A. Bandura）によっても「個人があることを選択できるかどうかを規定する主な要因は，機会に出会うかどうかである」と指摘されている（Bandura 1982）。

5. ナラティブ・アプローチ

キャリア発達理論には，ナラティブ・アプローチ（構築理論）と呼ばれるものがある。それは，文脈的，構築的要素を含むものである。ジェプセン（D. A. Jepsen）はストーリー性をもったキャリア形成の重要性を指摘している（Jepsen 1994）。

キャリアを語ることはノンフィクションの物語りのようなものであり，小

説や物語りと共通する以下のようないくつかの要素で構成されるとしている。
　① キャリアには，著者がいる。
　② キャリアは，時の経過とともに進展する。
　③ キャリアは，ある場所を舞台として展開する。
　④ キャリアには，主役と脇役が登場する。
　⑤ キャリアには筋書きがある。筋書きには問題の発生，解決方法，主役の行動という三つの要素が必ず必要である。
　⑥ キャリアには，困難な障壁，重大な事故が必ず伴う。

　スーパーが，職業的発達理論を発表して以来，発達段階，発達課題などの概念を提示し，それを解決するように支援するのが職業指導，キャリア・ガイダンスであることが定着してきた。ナラティブ・アプローチは，「ノンフィクションの仕事小説として，自分を語ろう」ということである。自分の仕事，キャリアをストーリーとして語れるように振り返り，組み立てていく過程がキャリア発達であると考えられる。

第4節　教職とキャリア発達

1. 職業としての教職

　さて，それでは，教職を職業として選択することについて考えてみよう。
　私たちは学校で育ってきているので，教職という職業に接する機会は多い。担任の先生やさまざまな教員をモデルとして考えることもできるであろう。そして，教員という職業は社会的にも認められ，重要視される職業であるので，自分の職業として選択することは親や社会の価値観の中でも認められやすいと思われる。したがって，マーシャのアイデンティティ・ステータスの中でフォークロージャー（早期完了）に陥りやすいかもしれない。
　どの職業を選択するのにも共通するであろうが，その職業に接する機会を広くもって，その職業についているさまざまなライフステージのモデルと会

ってみることも重要であろう。
　学校ボランティアや教育実習を通して，自分の適性とのマッチングを見つめていくことも職業選択，キャリア発達において大切なことであろう。
　ワークライフバランスやストレスマネージメントを考えていくことも大事になる。
　職業選択において，自分の適性と職業の特質とのマッチングも重要であると述べたが，現在の教職の職業としての状況はどのようなものであろうか。
　現在の学校には多様な課題がある。学校での暴力やいじめという困難な問題もある。また，子どもの貧困という学校だけでは解決できない問題もある。また，発達の個人差に対し授業のユニバーサルデザイン化という課題もある。
　個人では解決が難しい問題に対して，学校内外での専門家の連携ということが中央教育審議会から提案されている。子どもたちのさまざまな問題に対応するためにも，教員の自分自身の成長のためにも，日ごろから学校内外でいろいろな人と連携していく力が重要になるであろう。

2．子どもたちのキャリア発達

　さらに，教職を選べば，子どもたちのキャリア発達を考えることになる。職業選択発達からキャリア発達へ，この50年でも社会は大きく変化し，発達の理論さえ大きく変わってきた。教育に関わるとき，子どもたちの人生設計を子どもたちと考えるとき，子どもたちの50年先まで考えることは難しい。
　現在はニートや非正規雇用といった職業選択の不安定さや困難さがある。格差の拡大，子どもの貧困，貧困の世代間伝達の問題もある。広く世界を見渡せば，難民と就労の問題も拡大している。グローバライゼーションも曲がり角にあるのかもしれない。また，経済が右肩上がりという信仰をもてる状況は少ない。富のトリクルダウンが期待され，富裕層から貧困層へ富がしたたり落ちるという考え方があるが，アイデンティティのトリクルダウンは考えにくい。将来はロボットに仕事を奪われていくとも考えられている。
　しかし，子どもたちのキャリア発達にとって，何が大切かを考えることはきっと子どもたちにも，そして教員にとっても楽しいことであり，これほど

重要なことは他にはそれほど多くないといえるであろう。

［糸井 尚子］

● **考えてみよう！**
- ▶ マーシャのアイデンティティ・ステータスにおいて，自分は今，どの段階にあるか，考えてみよう。
- ▶ 自己分析をしてみよう。自分の経験してきたことを振り返り，自分の長所を考えてみよう。
- ▶ 自分のキャリアデザインを考えてみよう。

● **引用・参考文献**
エリクソン，E. H. 著，小此木啓吾訳（1973）『自我同一性―アイデンティティとライフ・サイクル』誠信書房
エヴァンズ著，岡堂哲雄・中園正身訳（1971）『エリクソンとの対話』北望社
木村周（2003）『キャリア・カウンセリング』雇用問題研究会
文部科学省中央教育審議会初等中等教育分科会（2015）「チームとしての学校の在り方と今後の改善方策について（チームとしての学校・教職員の在り方に関する作業部会　中間まとめ）」http://www.mext.go.jp/b_menu/shingi/chukyo/chukyo3/052/sonota/1360372.htm（2016 年 7 月 1 日閲覧）
Bandura, A. (1982) The Psychology of Chance Encounters and Life Paths. *American Psychologist*, 37(7): 747-755.
Copeland, W. E., Wolke, D., Lereya, S. T., Shanahan, L., Worthman, C. and E. J. Costello (2014) Childhood bullying involvement predicts low-grade systemic inflammation into adulthood. *Proceedings of the National Academy of Sciences of the United States of America*, 111(21): 7570-7575.
Decety, J., Michalska, K. J., Akitsuki, Y. and B.B. Lahey (2009) Atypical empathic responses in adolescents with aggressive conduct disorder: a functional MRI investigation. *Biological Psychology*, 80(2): 203-11.
Ginzberg, E., Ginzberg, S. W., Azelrad, S. and J. L. Herman (1951) *Occupational choice*. New York: Columbia University.
Ginzberg, E. (1972) Toward a theory of occupational choice: A restatement. *Vocational Guidance Quarterly*, 20: 169-176.

Jepsen, D. A. (1994) The Thematic-Extrapolation Method: Incorporating career patterns into career counseling. *Career Development Quarterly*, 43(1): 43-53.

Mitchell, K. E., Levin, A. S. & J. D. Krumboltz, (1999) Planned Happenstance: Constructing Unexpected Career Opportunities, *Journal of Counseling and Development*, 77(2): 115-124.

Marcia, J. E. (1966) Development and validation of ego-identity status. *Journal of Personality and Social Psychology*, Vol 3(5), May: 551-558.

Parsons, F. (1909) *Choosing a Vocation*, Houghton Mifflin Company. https://archive.org/details/choosingavocati00parsgoog（2016年7月1日閲覧）

Super, D. E. (1957) *The psychology of careers*. New York. Harper and Row.

Super, D. E. (1976). *Career education and the meaning of work*. Washington DC: U.S. Office of Education.

Super, D. (1980) A life-span, life-space approach to career development. *Journal of Vocational Behavior*, 16: 282-296.

Takizawa, R., Maughan. B. and L. Arseneault (2014) Adult health outcomes of childhood bullying victimization: Evidence from a 5-decade longitudinal British birth cohort. *American Journal of Psychiatry*, 171(7): 777-784.

● COLUMN ●

▶ いじめ

　いじめは子どもたちが健全に発達することを阻害する。また，大人の世界にもいじめはある。いじめについて科学的な理解をすることが重要であろう。

　ロンドン大の滝沢龍らは，イギリスで7～11歳の間にいじめ被害を経験した7,771名に対して追跡調査を行った。いじめ被害者は40年を経ても，社会的にも健康面でも高いリスクを抱えることが判明した (Takizawa et al. 2014)。

　一方，いじめ加害者はどうであろうか。ノースカロライナ州西部に住む1,420人の子どもたちに1993年より追跡調査が行われた (Copelanda et al. 2014)。児童期から思春期にかけて (9～16歳) と，青年期 (19～21歳) の二つの期間に，最高9回まで面接調査を行い，C反応性蛋白質 (CRP) の血中濃度を数回計測した。CRPとは，慢性炎症のバイオマーカーで，身体へのストレスを示し，将来の健康問題の予兆を知ることができる。いじめ被害者は長期的な後遺症に悩まされていた。いじめ加害者は，自分自身もいじめられた経験がある「元被害者の加害者」と，「純粋な加害者」に分けて分析された。純粋な加害者は，同年代の他の人たちに比べて精神的にも身体的にも健康であることが明らかになった。

　また，いじめ加害者の脳の特徴も研究されている。脳のfMRIスキャンを使用した研究によると，すぐにけんかをする，うそをつく，物を壊して騒ぐ，というような行為障害のいじめ加害者の脳には，他者の苦痛を見ると喜びを感じる回路がある可能性が示された (Decety et al. 2009)。他者が指をドアに挟まれそうになるなど苦痛状況の動画を見せると，いじめ加害者のfMRIには苦痛をよく理解している反応が現れ，脳内領域で報酬系と呼ばれる扁桃体や腹側線条体が強く反応する。一方で，感情の統制に関係する前頭前野での活動が少ない。つまり，人の苦痛を見て喜びを感じ，人の苦痛を喜んではいけないという制御ができないことがわかった。いじめ加害者は他人を傷つけるたびに心理的な報酬を受け取り，反応の強化が進む可能性がある。

　共感性の研究においても犯罪者は共感性がむしろ高いことが示されている。いじめ加害者は人の苦痛が理解できないのだという考えは根拠が薄いかもしれない。他児をつねった子に，相手はこんなに痛かったのよ，とつねって教えることは逆効果である。また，「本当は仲良くしたかったのね。」といじめ加害者と被害者を仲良くさせようとすることより，むしろ，反応の強化を減らすためには距離を置かせることのほうが重要であるだろう。　　　［糸井 尚子］

第 4 章

学級の中の対人関係

● **本章のねらい** ●

　学校は児童生徒にとって，知識を学ぶ場であると同時に，家族以外の同年代の他者と過ごす小さな社会でもある。学級の中で長時間をともに過ごすことによって，自然と助け合いや競争，人間関係の軋轢が生じてくる。そのため教師の仕事には，知識の伝達だけではなく，児童・生徒と接する中で，学級内の人間関係を円滑にしたり，集団生活のルールを守らせたりすることも含まれる。この章では，教師が学級の中の対人関係に対処するうえで，どのようなスキルが必要とされるのかを学ぶ。

第 1 節　教師の対人的スキル

　職業としての教員の大きな特徴の一つは，就職後すぐに即戦力を求められることである。一般的には，教職に就くには大学で「教職入門」をはじめさまざまな大学の授業を受講する。そこで教育についての知識を深めるとともに，教育実習などを通して教育にかかわるスキルと単位を獲得していく。順調に進めば，大学 4 年の夏ごろから各都道府県の教員採用試験等を受験する。そして合格すると，卒業から数週間で学びを受ける側の「学生」から，指導する側の「先生」として働くことになる。たとえば小学校の場合，1 年目から初任者研修を受けつつ担任になることも多い[1]。したがって教職に就くに

は，在学中に「先生」として働くための即戦力を身につけている必要がある。

それでは，教師にはどのような資質やスキルが求められているのだろうか。2006（平成18）年の中央教育審議会によれば，すぐれた教師の条件として，①教育に対する熱い情熱，②教育の専門家としての確かな力量，③総合的な人間力，の三つが挙げられている（中央教育審議会 2006）。②には授業づくりだけでなく，子どもを理解し指導する力などが含まれる。また③にはコミュニケーション能力など他者と協力していく力などが挙げられている。これは，現在の学校教育においては，子どもたちの社会性の不足，いじめや不登校など，さまざまな困難な問題の解決が教師に求められており，教育への熱意や授業に関する能力だけでなく，②③に挙げられる対人的スキルが必要とされるためである。こうした対人的スキルを身につけるには，学習支援や課外活動の補助を行う学校支援ボランティア（学ボラ）に参加するなど，現場で働く教師や子どもたちとのかかわりを早いうちからもつことが効果的である。しかし，学ボラに興味関心をもちつつも，子どもとのかかわり方についての不安から参加をためらってしまう学生も少なくない（原 2007）。また，ボランティアを受け入れる学校側も，学生に対して熱意や使命感だけでなく，子どもの心の動きを観察し，ニーズを把握する能力を求めていることもある（原田ら 2011）。そこでこの章では，子どもとかかわるうえで必要とされる対人的スキルについて，一人ひとりの子どもとの接し方，子どもたちをまとめるリーダーシップの2点について概説する。

第2節　子どもとの接し方

教職を目指す主な動機としてよく挙げられるものに，「好きだった先生との出会い」がある。さまざまなタイプの教師との出会いがあるように思われるかもしれないが，実は多くの人に好かれる教師像はかなり共通している。たとえば大学生に小中高の思い出を尋ねた調査では，好かれる教師の特徴として，親しみがあり信頼できることが共通して挙げられている（豊田 2000）。

それでは逆に，嫌われる教師像に共通する特徴は何だろうか。小学校，中学校で共通するのは，「自己中心的」，そして「えこひいき」である。公正観は子どもの発達とともに変化するが（渡辺 1986），とりわけ小学校入学前後の6〜7歳では厳密な平等性を公正と思う傾向があり，ひいきととられないよう注意することが必要となる。

　もちろん多くの教師や教員志望者は，子どもに対して公平に接しようと考えている。しかし，それは実は非常に難しいということはあまり知られていない。たとえばある研究では，小学校5年生を担当する400人以上の先生に対して児童の顔写真つき成績書を送り，児童のIQ，親の学業への関心，将来の学歴の予想，クラスメートとの関係などについて評価を依頼した（Clifford & Walster 1973）。実はこの成績書は架空のもので，同じ成績書の半分には魅力的な子どもの写真が，もう半分にはあまり魅力的でない子どもの写真が同封されていた。つまり，教師が児童の見た目にとらわれず公平に成績書を評価する限り，どちらの写真の子どもにも同じ評価が与えられるはずである。しかし実際には，多くの教師が顔の魅力度によって評価を変えていた。それもクラスメートとの関係といった社会的側面だけでなく，IQや将来の学歴といった知的側面においても，魅力的な子どもは，あまり魅力的でない子どもに比べ高く評価されていた。このように他者を評価するときに，何か際立ったすばらしい特徴（外見的魅力）があると，それに引きずられてほかの特徴（知性や社会性）についても高く評価することをハロー効果という。ハローとは「後光」のことで，魅力という光を浴びるとほかの特性も輝いて見えるというような意味合いである。この研究は，公平さがとくに求められる教師の間でもハロー効果が見られたことを示している。また，こうした効果は学生が教師を見るときにも生じる。たとえばアメリカの州立大学における調査では，学生からみて「セクシー（hot）」な教授ほど，「教え方がうまい」と評価されていた（Riniolo et al. 2006）。

　それでは，教師が誤った評価に基づいて子どもに接すると，何が起こるのだろうか。このことを調べるために，小学校で「将来の学力の伸びしろを測るための知能検査」を実施したローゼンタール（R. Rosenthal）という研究者

がいる（Rosenthal & Jacobson 1968）。ローゼンタールの研究チームは，この検査でよい成績をとった生徒の名前を教師に伝え，その子たちは今後学力が著しく伸びるだろうと告げた。果たして8カ月後，同じ検査を再度実施したところ，検査でよい成績をとったと告げられた生徒は，そうでない生徒に比べ，大きく知能検査の成績が向上していた。後にこの研究結果は，『教室のピグマリオン』という本として出版された。ピグマリオンというギリシア神話に登場する王様は，理想の女性の彫刻に恋をして，人間になればと強く願い，人間と同じように食事を与えたりした。それを憐れんだ女神が彫像に生命を与え，生きた人間の女性に変えてやったという物語である。なぜ彼は，そんな神話の主人公を著書のタイトルにしたのだろうか。実は，上述の研究には一つトリックがあった。研究者は，本当によい成績をとった生徒の名前を告げたわけではなく，ランダムに選ばれた生徒の名前を「伸びしろがある」生徒として教師に伝えていた。つまり，彫像を人間になるように願うと生きた人間になったという神話のように，教師が生徒の成績が「伸びる」と思って接すると，実際に生徒の成績が伸びたというわけである。もうおわかりのように，『教室のピグマリオン』とは教師に他ならない。このように，教師の期待が子どもに与える影響は教師期待効果（ピグマリオン効果）と呼ばれている。この効果は，教師が期待をもって生徒に接すると，生徒もそれを敏感に感じ取り，期待に応えるように勉学に励むようになるために生じると考えられる。またこの効果は，1年生と2年生でとくに強く見られたことから，初期の教育において期待が重要な役割を果たすことが示唆された。

　さて，もしあなたがこの研究に参加した教師だとしたら，どんな感想をもつだろうか。研究者に「だまされた」と思って怒る人や，期待だけでそんなに効果があるのか疑問に思う人もいるかもしれない。実際，ローゼンタールの研究には多くの賛同と非難が寄せられ，数多くの追試研究が行われた。その結果，効果の大小はあるにせよ，一定の教師期待効果があることが大筋で認められている。また，その効果はマイノリティの生徒においてより大きいことも明らかになった。多くの場合，マイノリティの生徒は教師からもともと良い成績を期待されていない。期待がもともと低いため，期待を与えるこ

との効果が生じやすいと解釈されている。

　以上の知見は，教師が子どもを見る目が子どもに大きな影響を与えることを示唆している。それでは，どうすれば先入観や偏見にとらわれず子ども自身をみる力を身につけられるのだろうか。人間の心理や認知についての研究結果からは，私たちの思考や判断には，自動的で無意識的に行われる迅速なルートと，もう一つは統制的で意識的に行われる時間のかかるルートの二つがあることが示されている。先入観や期待に基づいた判断は，前者の自動的・無意識的なルートで行われている。そのため，こうした判断を自分で制御することは難しい。しかし，その後の意識的ルートでは，最初の判断の調整・修正が行われている。ただし，すべての人が常にこうした調整や修正を行っているわけではない。むしろ，その部分が不十分であるために，上で紹介したようなさまざまな歪みが生じると考えられる。というのも，統制的・意識的なルートの思考は，立ち止まって考える時間や労力（認知的資源）を必要とするため，いつもできるわけではない。「あの子は○○だから宿題を忘れた」というように考えるほうが，「今日は何かあったんだろうか」「もし自分があの子の立場だったらどうしただろう」というような複雑な思考をめぐらせるよりも，ずっと簡単だ。しかし，これまで見てきたように，こうした簡単な判断がいつも正しいとは限らない。そのことを理解し，少し立ち止まって考える「くせ」を身につけることが，子ども自身をみる力を身につける第一歩になるだろう。

第3節　リーダーシップ

　1990年代以降，学校現場における問題として大きく注目されるようになったものの一つに「学級崩壊」がある。学級崩壊とは，授業中に勝手に子どもたちが立ち歩く，教師に注意されても無視するというように，学級経営が長期にわたってうまく機能しない状態をさす。こうした問題は小学校高学年以上の学級では以前から見られていたが，90年代以降は小学校低学年にお

ける深刻な事態がマスコミで喧伝され，耳目を集めるようになった。とくに小学校1年生では，社会関係の構築を主とした幼稚園・保育所から学習を主とした小学校への大きな環境の変化があるため学級経営が困難になることが多々あり，「小1プロブレム」などと言われている。1999年の文部科学省が実態把握のため研究者や学校現場の関係者に委嘱して行った聞き取り調査（文部科学省 1999）では，小学校150学級のうち，102学級で「学級がうまく機能しない状況」が見られた。そしてそれらの事例を10タイプに類型化したところ，最も多くに共通していたのは「教師の学級経営が柔軟性を欠いている」タイプであった。もちろん「必要な養育を家庭で受けていない子どもがいる」など，家庭環境の変化に起因すると考えられるタイプもあったものの，それ以上に教師がクラス全体をまとめる力量に問題があるケースが多くみられたといえる。そこでこの節では，集団をまとめる教師の力として，リーダーシップに着目する。

　どうすればすぐれたリーダーシップを発揮できるのか。この問題に直面したとき，多くの人はすぐれたリーダーが共通してもっている性格や資質について知りたがるようだ。たとえばカリスマ経営者の伝記がベストセラーになる理由の一つはそれだろう。教師のリーダーシップ研究も同じように始まり，初期の研究ではリーダーの特性に着目した特性論的な研究が多く行われた。しかし，実際に成功しているリーダーの研究を進めるにつれ，共通する性格や資質は乏しいことが明らかになってきた。そこで次に行われたのが，すぐれた教師の指導行動を類型化する研究である。たとえば社会心理学者の三隅二不二は，教師の行動をP機能（performance：目標達成機能）とM機能（maintenance：集団維持機能）に概念化したPM理論を提唱している[2]。P機能とは，放課後や休日の過ごし方について注意する，授業に集中していない生徒を厳しく注意するなど，学校教育の目標達成を志向したリーダーシップ行動である。一方M機能とは，えこひいきせずに生徒を公平にあつかう，生徒の悩みごとなどの相談にのるなど，生徒との対人関係を配慮し，親密化をはかることによってクラスの維持を志向したリーダーシップ行動をさす。PM理論では，リーダーがどんな行動をするのかを測定して，リーダーを両

方の行動を併せもつ PM 型，P 行動のみ強い P 型，M 行動のみ強い M 型，両方弱い pm 型に分類する。そしてリーダーのタイプによって，集団や組織のメンバーが仕事や学習に対してもつ態度が異なるかを検討する。これまでの研究では，官公庁や小中学校，民間企業，大学のスポーツサークルなどさまざまな組織において，仕事や学習への意欲は PM 型のリーダーのもとで最も高く，次に M 型，P 型，最も低いのが pm 型であることが示されてきた。また集団への満足度においても同様の順位となることが多いことから，リーダーシップの中でも M 機能がとくに重要であることが示唆されている。

　教師のリーダーシップのスタイルは，クラスの中で生じるさまざまな問題にも影響を与える。たとえば小中学校の児童生徒を対象とした調査（大西ら 2009）では，児童生徒が教師の M 行動（うれしいときに一緒に喜んでくれる，話しかけやすい，など）を高く認知していると，いじめに対する罪悪感や，いじめに対する否定的な集団規範が見られた。また児童生徒が，教師の不適切な権力行使（言うことを聞かないと成績を下げる，親に言いつけるなど）を認知していると，いじめを楽しんだり正当化したりする傾向が見られた。興味深いことに，児童生徒が教師を「怖い」と認識していても，いじめに対する態度にはほとんど影響がなかった。数年前，文部科学省の副大臣が「いじめ防止には武道家など怖い先生が必要」といった主旨の発言をして話題となったが，「怖い先生」の効果はそれほどないと考えられる。

　ここまで，集団を維持する M 機能の重要性について述べてきたが，実は P 機能が M 機能よりも効果的にはたらく場面がいくつか考えられる。一つは，集団全体の遂行が求められる場合である。たとえば中学校の部活動における指導についての研究では，大会での優勝など団体成績に関しては P 型が最も有効であり，PM 型，pm 型，最も有効でないのが M 型であったという報告がある（松原 1990）。つまり集団でのパフォーマンスを第一に考えるなら，P 型のリーダーは効率がよいとも考えられる。ただしこの場合でも，教師と部員との良好な関係や，部員の自主的な意欲といった指標においては PM 型リーダーが最も高いことが示されている。また，部活動が本来，学校教育の一環であり，生徒の自発的な活動であることを考えると，成績を最も重要

な指標としてとらえてよいのかには疑問が残る。P型のリーダーが威力を発揮するもう一つの場合は，指導を受ける集団成員の能力や意欲が低い場合である。成員の能力や意欲が低い場合には，成員に権限をもたせて自主的に運営させようとしてもうまくいかず，具体的に指示を出す課題志向のリーダーシップが有効になる。ただしその場合も，人間関係への配慮に欠けると，長期的にはメンバー間の関係が悪化したり，課題への内発的なモチベーションが下がったりする可能性がある。

このように，成員の能力や意欲からなる成熟度の高低に応じて，有効なリーダーシップのあり方が変わるとする理論をSL理論（Situational Leadership theory）という。SL理論によれば，成員の成熟度が高まるにつれ，有効なリーダーシップは教示型（具体的に行動を支持する）から説得型（説明し疑問に答える）へ，そして参加型（自立を促しともに考える）から委任型（成員に権限や責任を委譲する）へと変化する。教示型は課題志向的，参加型は人間関係志向的，説得型は両面を併せもっている。委任型は両方のリーダーシップを弱めるかたちだが，放任ではない。この段階では，教師は児童生徒を信頼して権限を委譲し，高い自由度の中で活動をさせるが，最小限の指導を行うことや，課題を達成したときにはほめることも必要になる。このように集団成員の状況に応じてリーダーシップのあり方を変容させることも，発達過程にある子どもに接する際には有効な方法である。

［品田 瑞穂］

● **考えてみよう！**

- ▶ 現代の日本の教育現場では，どのような教師期待効果が起こりうるだろうか。知能に限らず，さまざまな側面について考えてみよう。
- ▶ あなたの印象に残っている担任の先生を一人思い出して，PM理論にあてはめると，どのタイプだったかを考えてみよう。また，そのときのクラスの雰囲気や，勉強に集中できた程度について，話し合ってみよう。

● 注
1) 一部の自治体では，新卒採用の小学校教諭の一部について1年間は学級担任にならず研修を積ませたり，教職大学院の進学者を対象に採用を2年延期したりする制度を設けている。
2) たとえば中学校を対象とした研究としては，次の研究がある。三隅二不二・矢守克也（1989）「中学校における学級担任教師のリーダーシップ行動測定尺度の作成とその妥当性に関する研究」『教育心理学研究』37: 46-54.

● 引用・参考文献
大西彩子・黒川雅幸・吉田俊和（2009）「児童・生徒の教師認知がいじめの加害傾向に及ぼす影響―学級の集団規範およびいじめに対する罪悪感に着目して」『教育心理学研究』57: 324-335
木野和代・速水敏彦（2009）「仮想的有能感の形成と文化的要因―大学生を対象に」『日本教育心理学会総会発表論文集』51: 26
中央教育審議会（2006）「資料1-3　今後の教員養成・免許制度の在り方について（答申）（案）1．これからの社会と教員に求められる資質能力」www.mext.go.jp/b_menu/shingi/chukyo/chukyo3/siryo/attach/1346376.htm（2014年7月8日閲覧）
豊田弘司（2000）「好かれる教師像と嫌われる教師像」『奈良教育大学教育研究所紀要』36: 65-71
原裕次郎（2007）「小・中学校で活動する学生ボランティアの不安の検討―特性不安との関連に注目して」『聖徳大学修士論文』
原田直樹・梶原由紀子・吉川未桜・樋口善之・江上千代美・四戸智昭・杉野浩幸・松浦賢ш（2011）「大学生ボランティアによる学校児童生徒への支援ニーズに関する研究」『福岡県立大学看護学研究紀要』8: 1-9
松原敏浩（1990）「部活動における教師のリーダーシップ・スタイルの効果―中学校教師の視点からのアプローチ」『教育心理学研究』38: 312-319
文部科学省初等中等教育局小学校課（1999）「平成11年度文部科学省委嘱研究　学級経営の充実に関する調査研究（中間報告書）」http://www.mext.go.jp/a_menu/shougai/kaikaku/pdf/p84.pdf（2014年7月8日閲覧）
吉田寿夫・古城和敬・加来秀俊（1982）「児童の自己呈示の発達に関する研究」『教育心理学研究』30: 120-127
渡辺弥生（1986）「分配における公正観の発達」『教育心理学研究』34: 84-90
Clifford, M. M. & E. Walster（1973）The effect of physical attractiveness on teacher expectations. *Sociology of Education*, 46: 248-258.
Riniolo, T. C., Johnson, K. C., Sherman, T. R. & J. A. Misso（2006）Hot or not: Do professors perceived as physically attractive receive higher student evaluations? *The*

Journal of General Psychology, 133: 19-35.

Rosenthal, R. & L. Jacobson (1968) *Pygmalion in the classroom: Teacher expectation and student intellectual development.* New York: Holt, Rinehart & Winston.

Stevenson, H. W. & J. W. Stigler (1992) *The learning gap: Why our schools are failing and what we can learn from Japanese and Chinese education.* Simon and Schuster. (= 1993，北村晴朗・木村進監訳『小学生の学力をめぐる国際比較研究——日本・米国・台湾の子どもと親と教師』金子書房)

● COLUMN ●

▶ 子どもの自尊感情と印象操作

　近年，日本の児童や青少年の特徴の一つとして，「自尊感情の低さ」がしばしば指摘されている。自尊感情とは，「少なくとも人並みには，価値のある人間である」というように，自分の価値や能力に対する肯定的な評価のことをさす。たとえば大学生を対象とした国際比較研究では，日本人が最も低く，次いで韓国人とアジア系カナダ人，アメリカ人（白人）というように，国際的に見ると日本人の自尊感情の低さは際立っている（木野・速水 2009）。このような傾向は，高校生や中学生でも同様にみられる。こうした自尊感情の低さは，対人不安やストレス，達成動機づけの低さなどとの関連が報告されている。

　それでは，日本人は本当に自分のことを，価値がなく，能力が低いと思っているのだろうか。たとえばシカゴの小学1年生に，来年の算数の成績について尋ねると，四分の三もの子どもが自分はトップクラスにいるだろうと答える。仙台の1年生でそう答えたのは半数以下であった。しかし，実際の算数のテストの成績は，仙台の子どものほうがずっとすぐれていた（Stevenson & Stigler 1992=1993）。なぜ，実際には成績のよい日本の子どもたちのほうが，自己否定的な回答をしたのだろうか。一つの解釈として，日本人が示す自尊感情の低さは，真の自己評価ではなく他者に向けた戦略的な自己呈示（self-presentation）であることが指摘されている。たとえばあなたはテストで満点をとったときに，「すごいね。頭いいね」と誰かにいわれて，「ありがとう」とそのまま返すだろうか。それとも「たまたまだよ。運がよかったんだ」と，自分の優秀さをあえて否定するだろうか。多くの日本人は後者を選ぶだろう。しかしそれは「調子に乗っている」と思われたくない，あるいは「謙虚な人だ」と思われたいからであって，本当に自分の能力が低いと思っているわけではない。このように，他者に与える自分の印象を操作することを自己呈示という。何歳ごろから自己呈示を行うのかについては体系的な検討は少ないが，たとえば小学2年生の時点ですでに自己卑下的な自己呈示の効果を理解しているという研究報告がある（吉田ら 1982）。この研究ではさらに，小学5年生の女子児童では，相手が初対面の大人には自己卑下をしないが，クラスメートに対しては自己卑下的な自己呈示をすることも示されている。これらの研究からは，子どもは発達の早い段階から，周囲に受け入れられるために，相手に応じて自分の本心を偽ったり隠したりするといえる。

[品田　瑞穂]

第5章

教科だけでは学校教育は成り立たない
―特別活動と生徒指導・進路指導に着目して―

● 本章のねらい ●

　ここでは，教育方法学の立場から教職の授業に必要な知識や技能を検討する。なお，教育方法学は教育を対象として方法論の視点から開発や分析を行う学問である。教育実践の方法の開発を試みたり，教育実践の方法を分析したりしている。とくに教育課程上の領域の一つである特別活動と，学校の教育機能である生徒指導・進路指導は，各教員や各学校の創意工夫を活かしやすい部分である。そのため，特別活動と生徒指導・進路指導に焦点を当てて，教職総論との関連を考えていくこととする。

第1節　教職の定義と教員の役割

1. 教職の定義と特別活動

　教職とは広義には教員や教育関係に従事する「教職員」を指すこともある。狭義には「教育職員免許法」「教職課程」「教職大学院」などの用法からわかるように教育職員免許状を有する教員を指す。教員養成を目的としている本書では，教職の意義について検討を深めたい。日本の学校のうち，幼稚園・小学校・中学校・高等学校・中等教育学校・特別支援学校は，教育職員としての免許状を有する者を主幹教諭・指導教諭・教諭・助教諭・養護教諭・養護助教諭・栄養教諭・講師（講師については，特別非常勤講師を除く）といった

教員に充てている。そのため，教職が日本の初等中等教育を機能させている。

　教員は日本の学校教育を成立させる必要条件であるが，とくに小学校や中学校の学級担任，高等学校のホームルーム担任（以下，担任教員）となると，児童生徒への教科学習以外の指導の幅が大幅に広がる。小学校から高等学校までの学校段階で担任教員が共通して実施する指導として，学習指導，生徒指導，進路指導がある。

　担任教員は学習指導としては教科に加えて特別活動などを行う。道徳の時間の学習指導は小学校と中学校，外国語活動の学習指導は小学校第5及び第6学年，総合的な学習の時間の学習指導は小学校第3学年以上であるが，特別活動の学習指導は小学校入学時から高等学校卒業時まで続く。そのため，まずは，学習指導に含まれるが教科指導ではない特別活動の内容を明らかにしておく。

　学年主任を中心として担任教員の意向を反映しやすい内容が小学校・中学校の「学級活動」，高等学校の「ホームルーム活動」である。これらの活動は週1回，年間35回実施される。それに対してクラブ活動，児童会活動・生徒会活動，学校行事があり，これは学級を超えた学習である。これらは，担任教員以外の専科教員も含めた全校組織で実施される。そのため，各学校の創意工夫ある教育活動を展開しやすいといった特徴がある。

2．生徒指導・進路指導の意義

　担任教員が実施する指導が学習指導，生徒指導，進路指導であることを先に述べた。その中で，生徒指導については文部科学省では小学校から高等学校までの段階で使用する用語である。しかし，小学校の学習者を児童と呼ぶため，地方公共団体によっては児童生徒の「生活指導」という用語に変換して活用している例もある（東京都教職員研修センター 2005: 135）。進路指導については，文部科学省では現在は児童生徒などの「一人一人の社会的・職業的自立に向け，必要な基盤となる能力や態度を育てることを通して，キャリア発達を促す教育」（文部科学省 2011: 6）という側面を強調して，「キャリア教育」という用語に読み替えて活用している例も多い。

学校教育が機能するためには，そして，学習指導が安定して実施できるためには，生徒指導は必要不可欠な要素である。安定した学習集団が成り立っていれば，特別非常勤講師でも教科の学習指導はできるが，学習指導以前に生徒指導が必要な場合も多い。そのため，各学校では，生徒指導主事を中心として，生徒指導の全体計画や年間指導計画を作成することとなっている（文部科学省 2010: 82-3）。

3. 教員の役割と特別活動

教員は担任する学級の学習指導ができなければならない。各教科，道徳，外国語活動であれば教科書や補充教材を活用することによって指導していくことができる。しかし，総合的な学習の時間や特別活動の場合，教科書や補充教材が事前に準備されているわけではない。そのため，教員は学習指導要領や学習指導要領解説などを活用して学年単位で，あるいは学級単位で指導計画を作成することとなる。

特別活動についても，全体計画，年間指導計画，学習指導案などは計画的な授業運営のために必要不可欠である。教務主任を中心として特別活動の全体計画を作成したり，学年主任を中心として特別活動の年間指導計画を作成したりするためには，まずは担任教員が特別活動の構造を把握しなければならない。

図 5.1 からわかるように，特別活動は大きく四つの内容で構成され，さらに，3 項目から 5 項目の内容に区分されている（文部科学省 2018a，2018b，2018c）。なお，図中の（小）は小学校，（中）は中学校，（高）は高等学校のことである。

図 5.1 からは，小学校から高等学校までの教育内容としては学校段階でのずれが少なく，一貫性があることがわかる。また，小学校のクラブ活動は中学校や高等学校では学習指導ではなく課外活動の部活動に発展していく。

4. 教員の役割と生徒指導・進路指導

教員と一言でいっても，多様な特徴をもった専門職の集合体と考えてよい。東京都を例とするならば，公立学校教員採用として募集する際は校種等・教

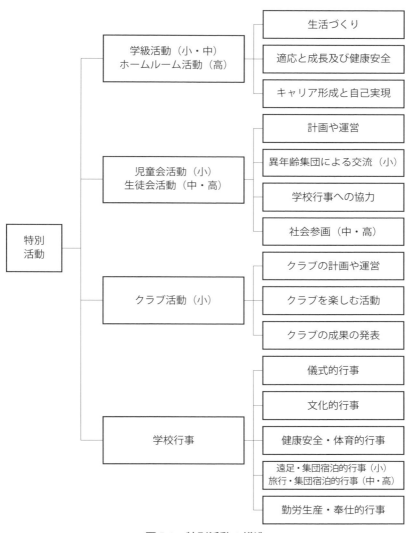

図 5.1　特別活動の構造

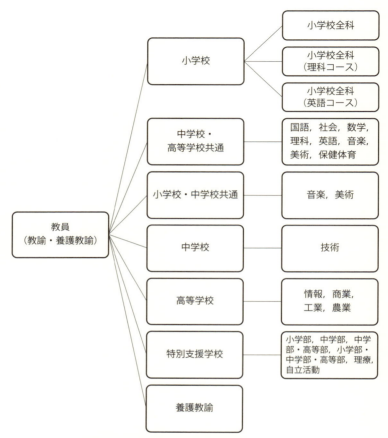

図 5.2 教員の募集区分の概要（一部省略）

科（科目等）で分けている（東京都教育委員会 2018: 4）。具体的には，次の特徴がある。

　初等教育段階と養護教諭は教科による募集区分ではないが，中等教育段階では教科による募集を原則としている。そのため，中学校や高等学校では，教科指導が教員の役割と考えられやすい。

　一方で，教諭として採用された際の教諭の職務については，学校教育法で「教諭は，児童の教育をつかさどる。」（学校教育法第37条第11項）とされてい

第 5 章　教科だけでは学校教育は成り立たない

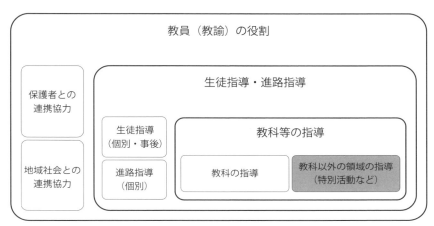

図 5.3　教員（教諭）が教育として実施する指導の区分

る。この規定は中学校や高等学校でも準用されている（学校教育法第49条，第62条）。そのため，児童生徒の教育をつかさどることが教諭の主要な役割である。ここでの教育とは，教科の指導を含むが教科の指導だけではない。教諭などの学校の教員が児童生徒に教育として実施する指導には，先にも述べたように，教科等の学習指導，生徒指導，進路指導がある。それらは図5.3のように整理することができる。生徒指導や進路指導は教科等と別に指導されることもあるが，全教育活動を通しても行われる。

第 2 節　教員の職務内容と特別活動・生徒指導・進路指導の関係

1. 教員の職務内容と特別活動

　学校の教職員は多様であるため，小学校を例として学校教育法の区分を確認しておこう。小学校には，校長，教頭，教諭，養護教諭及び事務職員を原則として置かなければならず，副校長，主幹教諭，指導教諭，栄養教諭その他必要な職員を置くことができる。なお，副校長を置けば教頭を，そして養

護をつかさどる主幹教諭を置けば養護教諭を置かないことなどもできる。事情によっては，助教諭，講師，養護助教諭も置ける。

ここでは，この中で学級担任やホームルーム担任をする教諭について論じていきたい。特別活動は児童生徒の思い出として残るため，「教育を『食事』にたとえて，学校を『食卓』として考えてみると，教科指導は『主食』としてのご飯やパンとなり，特別活動は食卓（学校）における『副食』としてのおかずの役割を果たすことになる。」（本間ほか 2010: 10）と紹介されることもある。このような，いわば食事の献立を考えるように，児童生徒理解を基礎として，特別活動の授業計画を考えることが教員の役割である。特別活動の学級活動であれば学年を中心として，そしてそれ以外の内容であれば学校全体で調整して計画を立てることになる。

2. 教員の職務内容と生徒指導・進路指導

(1) 生徒指導

担任教員は生徒指導を実施しやすい。その理由については「①子どもの学級所属が明確であることから機会あるごとに継続的な指導が可能である，②指導の過程や結果を学習指導と生徒指導に相互作用的に生かすことができる，③時間や場所に融通性があるために子どものニーズに早急に応じられる，などの点による。」（林編 2014: 66）との指摘がある。継続性や即応性からは，担任教員が一次的な生徒指導の役割を担うと考えてよい。

(2) 進路指導

進路指導は，進学や就職の指導にとどまらず，中央教育審議会答申等を受け，社会的自立や職業的自立をめざして，キャリア教育とも呼ばれている。キャリア教育での担任教員の役割は，校内組織の一員として，キャリア教育の全体計画や年間指導計画を学級やホームルームの児童生徒に適応させて実施することである。なぜなら，キャリア教育の成功の秘訣は，「まず校長がリーダーシップを発揮して，校内組織を整理する。」（林ほか 2013: 145）ことから始まる学校での組織的教育だからである。担任教員は学級集団やホーム

第 5 章　教科だけでは学校教育は成り立たない

ルーム集団に対して最適な教育方法を選択することが職務内容となる。

3. 教員の職務内容は教科学習の指導だけではない
(1) 教科学習は教科書「で」教える

　教科学習の指導においてすら，教員の教材開発と教育方法の工夫を重視する立場について，「『教科書を教える』のではなく，『教科書で教える』という言葉で従来から論じられてきた。」(樋口ほか編［2002］2009: 41)

　これは，教科書を媒介物とし，授業者の指導の専門性を重視する立場からの指摘である。この考え方は教員の職務を検討する契機となる。教科学習では，学習指導上の目標を児童生徒が獲得できるように創意工夫することが教員の職務である。

(2) 特別活動の目標達成も教員の職務内容である

　同じように考えると，教科以外の領域である特別活動でも，教育内容を児童生徒が獲得できるように創意工夫することが教員の職務である。小学校，中学校，高等学校の特別活動の目標は共通性があるが一部異なる特徴がある。それは表 5.1 のようになる。

　共通点は，集団や社会の形成者としての見方・考え方を働かせる，集団や自己の生活上の課題を解決する，行動の仕方を身に付ける，合意形成を図っ

表 5.1　小学校，中学校，高等学校の特別活動の目標の特徴

特徴	小学校	中学校	高等学校
見方・考え方	集団や社会の形成者としての見方・考え方を働かせる		
解決すること	集団や自己の生活上の課題を解決する		
資質・能力 (1)	行動の仕方を身に付ける		
資質・能力 (2)	合意形成を図ったり，意思決定したりする		
資質・能力 (3)	自己の生き方についての考えを深める	人間としての生き方についての考えを深める	主体的に集団や社会に参画し，人間としての在り方生き方についての自覚を深める

(出所) 文部科学省 (2018abc) より作成。

たり，意思決定したりすることなどである。相違点は，小学校が「自己の生き方」についての考えを深める，中学校が「人間としての生き方」についての考えを深める，高等学校が「主体的に集団や社会に参画」し，「人間としての在り方生き方」についての自覚を深める点である。

(3) 生徒指導・進路指導の目標達成も教員の職務内容である

　生徒指導上の目標を児童生徒が獲得できるように創意工夫することが教員の職務である。生徒指導上の目標は児童生徒の社会的資質や行動力を高めることである（林編 2014: 12）。そして，進路指導あるいはキャリア教育上の目標を児童生徒が獲得できるように創意工夫することも教員の職務である。進路指導あるいはキャリア教育の目標は，児童生徒を社会的・職業的自立に向かわせることである。そのために，「人間関係形成・社会形成能力」「自己理解・自己管理能力」「課題対応能力」「キャリアプランニング能力」といった基礎的・汎用的能力の育成が図られる（林編 2013: 144）。

第3節　小中学校参観と特別活動・生徒指導

1. 学校参観と特別活動
(1) 特別活動と生徒指導との関係

　学校の教育課程と生徒指導とは「全教育課程をとおして生徒指導の充実が図られ，特別活動では，中学校と高等学校では指導計画に生徒指導の機能を生かし，小学校から高等学校までの段階で学級活動（小学校，中学校）やホームルーム活動（高等学校）で生徒指導との関係を図ることとなる」（林編 2012: 17）という特徴がある。そのため，学校参観で特別活動の内容の各活動・学校行事を参観する際には，その中で生徒指導がどのように行われているかということに留意したい。生徒指導は集団指導型と個別指導型に区分できるが，授業場面では集団指導型の生徒指導を観察できることが多い。たとえば，学業に集中するように学級やホームルームの児童生徒に指導する場面は，生徒

第5章　教科だけでは学校教育は成り立たない

資料5.1　学級活動指導案（本時の指導と児童生徒の活動）　記入用紙

学校段階　　　　　　　　学年		
題材　　（　　　　　　　　　　　　　　　）		
本時のねらい　（　　　　　　　　　　　　　　）		
展開		

	指導する活動の内容	指導上の留意点	目指す児童生徒の姿と評価方法
活動の開始	・ 【提案理由】		
活動の展開	・ ・		
活動のまとめ	・ ・		

(出所) 国立教育政策研究所教育課程研究センター (2014: 9) 参照。

指導の中の学業指導に該当する。

(2) 学級活動指導案の復元

　学校参観で学級活動を参観する際は，学級活動指導案を想像し，復元してみるとよい。ここでは，国立教育政策研究所教育課程研究センター (2014) の資料を参照して，学級活動指導案（本時の指導と児童生徒の活動）の記入用紙を作成した（**資料5.1**）。

2. 学校参観と生徒指導
(1) 児童生徒の問題行動等生徒指導上の諸問題に関する調査

　教職の意義等に関する科目の学校参観では，校長先生による講話と学校紹介の後，授業を3時間程度参観し，その後に振り返りの会をもつことがある。

65

その際，参観した授業の学習指導に着目することは必要なことである。それと同時に，授業以外の休み時間，昼休み，掃除の時間などでの教員から児童生徒への生徒指導についても観察できるとよい。なお，中学校と高等学校の学習者は生徒，小学校の学習者は児童と呼ぶ。そのため，生徒指導は中学校と高等学校で使用される用語であるとの誤解がある。しかし，文部科学省では，小学校の児童に対する指導の場合でも，児童指導ではなく，生徒指導という用語を使用している（文部科学省 2008a: 16）。そのため，小学校の場合は生徒指導を児童の生活についての指導といった意味で理解するとよい。

　なお，文部科学省では，毎年，「児童生徒の問題行動等生徒指導上の諸問題に関する調査」をしている。そこでは，(1) 暴力行為，(2) いじめ，(3) 出席停止，(4) 小・中学校の不登校，(5) 高等学校の不登校，(6) 高等学校中途退学等，(7) 自殺（学校から報告のあったもの），(8) 教育相談の状況，が明らかとなっている。この中で，たとえば 2012（平成 24）年度の特徴として，いじめの状況については，「小・中・高・特別支援学校における，いじめの認知件数は約 19 万 8 千件と，前年度（約 7 万件）より約 12 万 8 千件増加し，児童生徒 1 千人当たりの認知件数は 14.3 件（前年度 5.0 件）」（文部科学省初等中等教育局児童生徒課 2013: 2）となっている。この増加は平成 23 年度の大津市でのいじめ自殺や，その後の各学校でのいじめについての「アンケート調査」の実施などによるものと推定できる。学校参観では，授業中や授業以外の時間でのいじめの未然防止についても意識して観察するとよい。

(2) いじめの予防のための生徒指導

　いじめは教員が発見しにくい場面で行われる。そのため，いじめの場面での指導以前に，教員は未然防止に留意している。いじめの様態としては，暴言型，仲間外し型，軽度暴行型，重度暴行型，恐喝型，盗難型，強要型，SNS 型がある（林 2014: 90）。これらのうち，学校参観で観察できる可能性があるものは，暴言型などであろう。

　たとえば休み時間，昼休み，掃除の時間などに，児童生徒間で冷やかしやからかいなどの行為があった場合，教員がどのような表現や行動で深刻度の

段階が進まないように指導しているかを参観者は記録しておきたい。そして，学校参観後に，個別指導による生徒指導をしているか，グループを対象とした集団指導による生徒指導をしているか，また，その結果の児童生徒の変容はどのようであるかなどを振り返りたい。生徒指導の場面は，教科の学習と比較して参観者が意識していないと見落としてしまう場合が多いため，注意が必要である。

3．学校の教育活動は教科学習だけじゃない
(1) 特別活動による社会的な資質の育成なども学校の教育活動

　一見すると学校では教員が教科指導をし，児童生徒が教科学習をすると考えられがちである。しかし，これまで説明してきたように，学校で教員は教科指導以外にもさまざまな教育活動をしている。具体的には，教科指導を円滑に行うためにも役立っている学級活動やホームルーム活動，学校生活に楽しみや安心感を与えるクラブ活動，児童会活動・生徒会活動，そして学校生活に所属感を与える学校行事など特別活動の内容も教員の教育活動としてきわめて重要である。

(2) 生徒指導も進路指導も学校の教育活動

　特別活動も教科とともに教育課程を構成する学習の領域として全国共通の内容や授業時数が設定されている。これに対して，生徒指導や進路指導は学習指導ではないので教育課程に内容や授業時数が設定されていない。そのため，各学校や各学級・各ホームルームでの児童生徒理解に基づいて適切に指導していかなければならない。生徒指導による自己指導能力の育成も学校の教育活動，進路指導によるキャリア形成も学校の教育活動ということである。教育の目的が「平和的な国家及び社会の形成者」（教育基本法第1条）の育成であることを考えると，教科や教科外の学習指導，生徒指導，進路指導を有機的に関連づけて指導することが教員の役割となる。

第4節　おわりに

　教職の意義との関係で特別活動，生徒指導・進路指導を取り扱った本章をとおして伝えたいことをまとめると次の3点になる。

　第一に，教職の意義を考えると教科学習以外の指導の重要度も高いため，教員の役割として，学習指導，生徒指導，進路指導のバランスを意識して指導すること。

　第二に，教員は職務内容を継続的に実施するために身分保障されているので，絶えず研修をして教科学習の指導以外の服務についてもスキルアップを図っていただきたい。

　第三に，教職の意義に関する科目では，学生が安心して進路選択できるように学校参観をとおした学習の機会の提供が大切である。

　本章は「教科学習だけでは学校教育は成り立たない」と題して，特別活動，生徒指導，進路指導について取り扱った。教員は専門とする教科の知識があることは必要条件で教科指導ができることが前提となっている。しかし，地方公共団体の教員研修に関わる機会が増加するにつれて，教員の専門性が教科の知識以外の内容で構成されているように感じられてならない。教科以外の学習領域や生徒指導・進路指導といった児童生徒の生き方に関わる指導が教員の高度な専門性なのではないだろうか。

［林　尚示］

● **考えてみよう！**

- ▶ 日本では，小学校，中学校，高等学校等で教員が特別活動の各内容を実施している。このことの意義について考えよう。
- ▶ 日本では，小学校，中学校，高等学校等で教員が生徒指導を実施している。このことの意義について考えよう。
- ▶ 日本では，小学校，中学校，高等学校等で教員が進路指導・キャリア教育を実施している。このことの意義について考えよう。

第 5 章　教科だけでは学校教育は成り立たない

● 引用・参考文献

国立教育政策研究所教育課程研究センター編集発行（2014）「学級・学校文化を創る特別活動（中学校編）」（教員向けリーフレット）

東京都教育委員会（2018）『平成 31 年度　東京都公立学校教員採用候補者選考（32 年度採用）』東京都教育委員会　https://www.kyoinsenko.metro.tokyo.jp/data/shiryou_1.pdf（2019 年 8 月 6 日閲覧）

東京都教職員研修センター（2005）『教職員ハンドブック第 1 次改訂版』都政新報社

林尚示（2014）『学校の「いじめ」への対応とその予防方法「生徒指導」と「特別活動」の視点から』培風館

林尚示・服部伴文・村木晃（2013）『ワークシートで学ぶ生徒指導・進路指導の理論と方法』春風社

林尚示編（2014）『新・教職課程シリーズ生徒指導・進路指導』一藝社

林尚示編（2012）『教職シリーズ 5 特別活動』培風館

樋口直宏・林尚示・牛尾直行編［2002］（2009）『実践に活かす教育課程論・教育方法論』学事出版

本間啓二・伊藤清一郎・林尚示（2010）『新訂教職研修特別活動の研究』アイオーエム

文部科学省（2010）『生徒指導提要』教育図書

文部科学省（2011）『小学校キャリア教育の手引き〈改訂版〉』教育出版

文部科学省（2018a）『高等学校学習指導要領（平成 30 年告示）』東山書房

文部科学省（2019）『高等学校学習指導要領（平成 30 年告示）解説　特別活動編』東京書籍

文部科学省（2018b）『小学校学習指導要領（平成 29 年告示）』東洋館出版社

文部科学省（2018c）『中学校学習指導要領（平成 29 年告示）』東山書房

文部科学省（2018d）『小学校学習指導要領（平成 29 年告示）解説　特別活動編』東洋館出版社

文部科学省（2018e）『中学校学習指導要領（平成 29 年告示）解説　特別活動編』東山書房

文部科学省初等中等教育局児童生徒課（2015）『平成 26 年度「児童生徒の問題行動等生徒指導上の諸問題に関する調査」について』文部科学省　http://www.mext.go.jp/b_menu/houdou/27/09/1362012.htm（2016 年 8 月 20 日閲覧）

● COLUMN ●

▶ 特別活動の研究

　筆者は特別活動の研究を進めており，「日本特別活動学会」での研究活動を大学の授業等で学生に紹介している。学校教育についての研究の最先端である学会の活動を学生に身近に感じてもらいたいという願いからである。

　ここでは，学会の大会と研究推進委員会の二つを紹介したい。

　一つめは，2016年開催の「日本特別活動学会第25回大会―25周年記念南関東大会―」の実行委員長をさせていただいた。東京学芸大学との共催として，東京学芸大学を会場として学会創立25周年の記念大会を開催した。学会が誕生して25年がたち，研究者の層が厚くなってきたことを実感した。教員養成上，特別活動の指導能力の育成は必須であるが，大学の授業としては15回という少ない時間数で実施しなければならない。その中で，学会での研究を大学教育に直接的効果的に還元する仕組みを整えていきたい。

　二つめは2015年から現在まで，日本特別活動学会の研究推進委員会の委員として研究活動に参加させていただいていることである。この委員会では特別活動の重点課題を設定して研究を進めている。筆者が担当したのは，「カリキュラム提言にむけた理論的研究―特別活動の未来展望―」で，(1) 社会で求められる資質・能力と特別活動，(2) 各教科等と特別活動の関係，(3) アクティブ・ラーニング等と特別活動という三つの側面から研究を進めてきた。これらは，教育目標論，教育課程論，教育方法論からのアプローチでもある。

〔林　尚示〕

第6章

生徒指導って何だろう？

● **本章のねらい** ●

　本章のねらいは，生徒指導の理念と方針，校則との関係について理解することにある。第5章では，生徒指導が教師の役割・職務内容の中でどのような位置づけにあるのかについて学んだが，具体的にはどのような児童生徒への働きかけが生徒指導の中に含まれるのだろうか。また，教師はどのようなことを意識しながら指導を行っていけばよいのだろうか。

第1節　生徒指導の定義

　みなさんは，「生徒指導」と聞いたとき，どのようなことをイメージするだろうか。多くの人は，髪型・服装をはじめとした校則の違反に対する指導をイメージするのではないだろうか。また，いじめや暴力，非行などの「問題行動」に対する指導をイメージする人もいるだろう。自らが受けてきた校則違反への指導などから，生徒指導という言葉にネガティブな印象をもっている人も少なくないかもしれない。

　しかし，生徒指導に含まれるのは，校則違反や問題行動などの「悪い」（とみなされる）ことをした児童生徒に対する指導だけではない。文部科学省では，生徒指導に関する学校・教職員向けの基本書として，『生徒指導提要』を発行している。そこでは，生徒指導について，以下のように定義している。

> 　生徒指導とは，一人一人の児童生徒の人格を尊重し，個性の伸長を図りながら，社会的資質や行動力を高めることを目指して行われる教育活動のことです。すなわち，生徒指導は，すべての児童生徒のそれぞれの人格のよりよき発達を目指すとともに，学校生活がすべての児童生徒にとって有意義で興味深く，充実したものになることを目指しています。
> 　　　　　　　　　　　　　　　　　　　　　　　（文部科学省 2010: 1）

　この定義からは，生徒指導の中には，児童生徒の「個性の伸長」「社会的資質や行動力を高める」「人格のよりよき発達」などを目標とした，あらゆる教育活動が含まれることがわかる。
　ただ，この定義については，「個性の伸長」「社会的資質や行動力を高める」「人格のよりよき発達」などの言葉が，具体的にどういうことを指しているのか理解しにくい。そのため，もう少しシンプルな生徒指導の定義をもとに，生徒指導の目標をおさえておきたい。
　文部科学省所轄の政策研究機関である国立教育政策研究所では，生徒指導に関するリーフレットを発行している。そのリーフレットでは，生徒指導を以下のように定義している。

> 　生徒指導とは，社会の中で自分らしく生きることができる大人へと児童生徒が育つように，その成長・発達を促したり支えたりする意図でなされる働きかけの総称のことです。　　　　　　　　（国立教育政策研究所 2012: 2）

　ここでは，生徒指導の目標として，「社会の中で自分らしく生きる」児童生徒を育てるということが挙げられている。この「社会の中で自分らしく生きる」という目標は，『生徒指導提要』などの記述をふまえると，さらに以下の二つの目標に分けることができる。

① 「社会の中で生きる」（つまり「社会にうまく適応する」）
② 「自分らしく生きる」（つまり「自己実現をする」）

生徒指導は,「社会の中で生きる」「自分らしく生きる」という二つの目標に向けた児童生徒への働きかけの総称だと,考えてよいだろう。では,より具体的には,どのような指導が生徒指導に含まれるのだろうか。

第2節　具体的な生徒指導の例

1. 筆者を形づくった生徒指導

ここで,生徒指導のイメージをつかむために,かつて筆者が高校時代に受けた生徒指導を,一例として取り上げたい。

筆者は,小学生・中学生のとき,「優等生」と言われるような子どもだった。先生の言うことは忠実に聞き,先生の依頼やクラスの投票などで学級委員も毎年務めていた。

でも本当は,学級委員をやったり,人前に立って話をしたりするのがすごく嫌だった。教壇のところでクラスメイトに向けて話をするのはとても居心地が悪く,「こいつ調子に乗りやがって」と思われてるんじゃないかと気が気でなかった。また,学級委員会の活動で自分だけ放課後に残され,部活動に参加できなかったり,友だちと遊びに行けなかったりするのが嫌だった。先生もクラスメイトも,みんながやりたくない役割を体よく押しつけているだけなんじゃないかと,思っていたりした。

そこで,高校に入ったらクラスの中では目立たないようにして,人前に立つような役割は絶対に避けようと思っていた。幸い高校は進学校だったこともあり,学級委員や行事の委員に立候補者が出たので,最初の2年間はそれがうまくいった。クラスの中ではひっそりと過ごし,放課後は部活動に専念することができた。しかし,3年生の時,なかなか学級委員が決まらない。休み時間になり,担任の先生が筆者の席の近くに来て,こう言った。

「君にはクラスを引っ張っていく力があるんじゃない？」

先生のその言葉を周りの席の人に聞かれていたせいで,最終的には投票で学級委員に選ばれてしまった。でも,そこまで悪い気はしなかった。今まで

とは違い,押しつけられて学級委員になったのではなく,評価してくれている人がいて学級委員になったんだと,思えるようになったからだ。

　もしあのとき,先生があの言葉をかけてくれなかったら,今でも人前に立って話をしたりすることを避けていたかもしれない。大学教員という仕事も,きっと避けていただろう。あのときの先生の声かけは,筆者の将来の可能性を広げてくれた,つまり「自分らしく生きる」可能性を開いてくれた生徒指導だったといえる。

2. 生徒指導の多様なバリエーション

　生徒指導には,他にもさまざまなバリエーションがある。第5章でも述べられているように,生徒指導は授業時間の外側で行われることもあれば,各教科や道徳の授業,総合的な学習の時間,特別活動の中で行われることもある。なかには,学習指導でもあり生徒指導でもある,または進路指導でもあり生徒指導でもある,といった指導もある。また,児童生徒が「自分らしく生きる」ことを支えるための指導もあれば,「社会の中で生きる」ことを主に念頭に置いた指導もある。

　先ほど挙げた国立教育政策研究所のリーフレットでは,生徒指導の具体例として,以下のものを挙げている(一部を抜粋)。多種多彩な児童生徒への働きかけが生徒指導に含まれるということを,感じとることができるだろう。

［登校時や授業の場面では］
・登校時の朝のあいさつにはじまり,始業時のあいさつ,終業時のあいさつなどを促す
・授業中に,教科の授業を通して獲得した知識や技能を,どう活用したら自分や周りの人々が幸せになるのかを思い描かせる

［道徳教育や特別活動,キャリア教育などの場面では］
・友人関係について考えてみたり,異なる学年や異なる世代の人と積極的に交流したりする機会や場を与えて進んで活動させたりする
・将来のために,今,何をすべきかを諭したり,自分の生き方や将来の職

業などについて思いをめぐらすよう，示唆したりする
［特別支援教育や教育相談の場面では］
・自分自身について悩んだり，人間関係に傷ついたりした児童生徒を受けとめ，次の一歩を踏み出せるよう支えていく
［日々の注意や非行防止の場面では］
・ほかの児童生徒の学習を妨げたり，学級や学校の約束を守らなかったりした際には厳しく注意し，「悪いことは悪い」と伝える

(国立教育政策研究所 2012: 2-3)

第3節　生徒指導を行ううえでの注意点

　ここまでさまざまな生徒指導の例を挙げてきたが，注意しなければならないのは，同じ目標をもって指導をしたとしても，働きかけ方によって児童生徒の反応が違ってくるということである。教師の働きかけ方によっては，児童生徒が意図通りの反応を示さないどころか，むしろ教師への反発心を高める場合もあるかもしれない。では，生徒指導を行ううえで，教師はどのような点に気をつければよいのか。ここでは二点挙げておきたい。

1. 児童生徒理解

　一点目は，児童生徒理解である（第2章も参照）。一人ひとりの児童生徒は，それぞれ違った能力・適性，興味・関心などをもっている。また，成育環境や将来の進路希望も，一人ひとり異なっている。そのため『生徒指導提要』では，「生徒指導を進めていく上で，その基盤となるのは児童生徒一人一人についての児童生徒理解の深化を図ること」（文部科学省 2010: 2）とし，児童生徒一人ひとりの違いを理解しながら生徒指導を行う必要性について述べている。

　児童生徒理解を行ううえでは，「日ごろから一人一人の言葉に耳を傾け，その気持ちを敏感に感じ取ろうとする姿勢が重要」（文部科学省 2010: 2）だと

される。なぜなら，伊藤美奈子 (2006) によれば，児童生徒の「問題とされる行動」の裏に心の悩みがひそんでいる場合，その問題行動だけをなくせばすべての問題が解決するわけではないからである。たとえば，教師への反発の裏には，「もっと先生（大人）にかまってほしい」という気持ちがあるかもしれない。そのため教師には，その問題行動や症状の裏にある意味（気持ち）を理解し，そこに児童生徒からの SOS を読み取るという心構えが必要とされる（伊藤 2006: 86）。

　同時に，児童生徒理解の中では，こうした児童生徒の「気持ち」の理解だけでなく，児童生徒の生育環境や交友関係などについても情報を集め，児童生徒をより多面的に理解していく必要がある。というのも，家庭の状況や友だちとの関係が，児童生徒の気持ちのもちようや行動に大きく影響しているかもしれないためである。たとえば，あるいじめっ子がいじめに走っている背景には，家庭で大きな問題が起こっていて，一人では抱えきれないようなストレスにさらされているということがあるかもしれない。また，非行集団から抜けられないために，非行を続けているという子どももいるかもしれない。生徒指導は，児童生徒の気持ちや行動，生育環境，交友関係などの複雑な絡み合いを読み解きながら，行っていく必要がある。

2. 教師の「予言の自己成就」

　生徒指導を行う際に注意すべき二点目は，教師の「予言の自己成就」ということである。教師の児童生徒への思いは，児童生徒の行動をその思いに沿うように変化させていく。

　ここで，「ピグマリオン効果」という現象を紹介したい。住田正樹 (2006) の記述に基づくと，ピグマリオン効果とは，教師が児童生徒に何らかのプラスの期待をもつと，児童生徒の学業成績や教室内での行動が，教師が期待している方向に変化していくという現象のことを指す（詳しくは第4章）。一方で，マイナスの期待を教師が抱いている場合，児童生徒のふるまいは教師のマイナスの期待通りになっていくが，これは「ゴレム効果」といわれている。一般に，ある人に対して期待や思い込み，決めつけが強くなると，それが相手

への働きかけに影響を与え，相手の行動も自然とその期待や思い込み，決めつけに沿ったものとなっていく。こうしたメカニズムによって，当初の教師の予言（期待）が，結果的に自己成就するのである（住田 2006: 46-50）。

普段から問題行動が多い児童生徒にとって，最も傷つく言葉は，教師による「またお前（ら）か」という叱責だという（伊藤 2006: 91）。この言葉からは，教師が普段からその子どもにマイナスのイメージを抱いていることが，そのまま伝わってしまう。また，その子どもに「がんばっても無駄だ」というイメージを植えつけてしまうかもしれない。

問題行動をとる児童生徒だって，今の自分から変わりたいと思っている場合もある。実際，教師に反発心を抱いたり，問題行動をとったりする子どもたちも，他の子どもたちと同様に，何らかの形で成長したい，現在の活動をうまくやりたい，誰かから認められたい，先輩のようになりたいなどの，さまざまな願いを抱えながら生活している（伊藤 2013: 83）。

子どもたちは，心の奥で，達成したいと思うさまざまな願いを抱えている。それは，言葉で表現できるものかもしれないし，本人すらまだ表現する言葉をもたないものかもしれない。教師には，すべての児童生徒に変化への期待をかけていることを示しながら，子どもたちが意識的・無意識的に抱いている願いの達成を支えていく，そうした生徒指導が求められている。

第4節　校則

1. 校則と生徒指導

生徒指導には，校則に関する指導に限らず，より幅広い教師の働きかけが含まれる。しかし，生徒指導というと，多くの人がまっさきに校則違反に対する指導を思い浮かべるように，校則に関する指導は生徒指導の中で重要な一部分を占めてきた。

そのため，ここで改めて校則と生徒指導との関係について考えてみたい。なぜ，校則に関する指導は，生徒指導の中で重要視されてきたのだろうか。

それは，校則が安定した学校生活を保つために必要であり，さらに，教育的意義をもつものだと考えられているためである。『生徒指導提要』によると，児童生徒は心身の発達の過程にあり，また学校は集団生活の場であることから，学校には一定の決まりが必要である。また，学校は，児童生徒が社会の規範を守るようになるために適切な指導を行う必要があり，校則はそうした指導へとつながるものである（文部科学省 2010: 192）。

校則の内容は，各学校が，社会通念に照らして合理的だと考えられる範囲の中で，学校や地域の実態に応じて定めている。校則には，服装，頭髪，学校内・学校外の生活に関することがらだけでなく，登下校の時間や児童会・生徒会活動に関する規則など，さまざまな決まりが含まれる（文部科学省 2010: 192）。具体的な校則の例としては，以下のものが挙げられる。

- 通学に関するもの（登下校の時間，自転車・オートバイの使用など）
- 校内生活に関するもの（授業時間，給食，環境美化，あいさつなど）
- 服装，髪型に関するもの（制服や体操着の着用，パーマ・脱色，化粧など）
- 所持品に関するもの（不要物，金銭など）
- 欠席や早退などの手続き，欠席・欠課の扱い，考査に関するもの
- 校外生活に関するもの（交通安全，校外での遊び，アルバイトなど）

（文部科学省 2010: 192）

2. 校則に関する生徒指導上の課題

ただし，校則に関する指導については，注意しなければならない点もある。一点目は，教師が規則を守らせることばかりを重視しすぎると，生徒指導の目標の一つである「自分らしく生きる」という目標が忘れられがちになってしまうということである。

校則を守れるようになるということは，「社会の中で生きる」という生徒指導の目標につながっていると考えられる。また，多くの児童生徒が校則を守ることで，子どもたちは落ち着いた雰囲気で学校生活を送ることができるだろう。

しかし，児童生徒の中には，教師の叱責や厳しい指導を恐れて，不本意ながらもしぶしぶ校則を守っているという子どももいるかもしれない。また，それぞれの校則がもつ意味について考えることなく，ただ「ルールはルールだから」とあきらめ半分で従っている子どももいるかもしれない。そういった児童生徒にとって，校則は，「自分らしく生きる」可能性を封じこめる檻としてしか，感じられていないのではないだろうか。児童生徒にただ校則を守らせるだけではなく，同時に「自分らしく生きる」ための生徒指導を行っていくことが，必要不可欠である。
　二点目の注意点は，校則が，今の時代情勢や児童生徒の実情にそぐわないものになっていないかということである。
　たとえば，制服の靴下の色は白でなければならない理由を，児童生徒が納得できる形で説明できる教師はどれだけいるだろうか。なぜ世間の大人は髪の毛の色を染めたりパーマをかけたりしているのに，多くの学校が校則でそれらを禁止しているのだろうか。他にも，「学校の常識，世間の非常識」とも呼べるような，その教育的意義をうまく説明できない校則が，全国各地に多数存在するだろう。
　また，児童生徒の実情にそぐわず，誰かに大きな不利益を与えるような校則もあるだろう。たとえば，高校でのアルバイトの禁止は，経済的に苦しい家庭の子どもがその高校に通い続けることを，難しくするかもしれない。また，性同一性障害の児童生徒にとっては，からだの性によって指定されている制服を着なければならないことが，とても苦痛なことであったりする（藥師ほか 2014: 49）。
　このような校則の違反について生徒指導を行おうとしても，教師も指導の説得的な理由を見出せないので「ルールだから守れ」としか言えず，児童生徒の反発心を招くだけになってしまいかねない。何のためにあるのかわからない校則や，一定の個人に対して大きな不利益を与えるような校則は，その存在意義を問い直していく必要がある。

3. 校則の見直しを通した生徒指導

　校則を通した生徒指導については，校則を守らせるための指導だけではなく，もう一つの方法が考えられる。それは，児童生徒が自らの力で校則を変えていくプロセスを支える生徒指導である。

　校則は，「社会の中で生きる」ためにはどんなふるまいが必要であるかを，児童生徒に考えさせる素材となりうる。たとえば，「学校に携帯ゲーム機をもってきてはいけない」という校則の理由について考える中で，誰かが，それらが盗まれて不利益を被る可能性があるということを思いつくかもしれない。教師はそのことをもとに，荷物を厳重に管理できない場所には貴重品をもってきてはいけないということを，児童生徒に教えることができるだろう。

　しかし，児童生徒が校則の意義について考えていく中で，いくら考えても正当な理由を見出せない校則が出てくるかもしれない。また，ある校則がもつ大きなデメリットに気づくかもしれない。児童生徒がそういった点に気づき，自ら校則を変えていくプロセスを支えていく，そうした生徒指導も可能である。

　校則を制定する最終的な権限は，校長にある（文部科学省 2010: 192）。しかし，校則の見直しに向けた児童生徒の自主的な取り組みが，校長や他の教師たちの心を動かすかもしれない。そのためには，校則の変更のための提案書を書いたり，教師たちが納得するような理由を練り上げたり，児童会・生徒会に協力を求めたり，PTAにアンケートをとったり……。子どもたちが自主的に取り組めることはかなりある。

　校則の変更は，その児童生徒がより「自分らしく生きる」ために，必要なものかもしれない。また，こうした児童生徒の経験が，のちに所属する組織（たとえば職場）で環境改善を求める運動をするときなどに，大きなヒントとなる場合もあるだろう。ただ，校則の見直しに向けた取り組みの中で，児童生徒たちが自分たちの力だけでは解決策を見つけ出せなくなることもあるかもしれない。そのときに，教師が「こうしたらいいかも」というアイデアを少しだけ伝える。そうした助言は，児童生徒が現在あるいは将来「自分らしく生きる」ことにつながる，生徒指導であるといえるだろう。

第5節　まとめ

　これまで学んできたことを振り返ると，生徒指導とは，校則違反や問題行動に対する指導のことだけを指すわけではない。「社会の中で生きる」「自分らしく生きる」という二つの目標を意識した児童生徒への働きかけすべてが，生徒指導であるといえる。

　そうした生徒指導の中では，児童生徒への働きかけ方に気を配る必要がある。というのも，児童生徒への何気ない声かけが，その子の心をすごく傷つけることになるかもしれないためである。でも一方で，児童生徒との何気ない会話も，教師が少し言葉を選ぶだけで，その子のやる気や自信を大きく高めるものにできるかもしれない。すべての児童生徒に期待をかけると同時に，一人ひとりの個性や生育歴の違いを意識して，その子の今や将来にとってちょっとしたスパイスになるような声かけをする。そんな児童生徒への関わり方を意識していく必要があるだろう。

　学校のさまざまな出来事は，生徒指導の素材になりうる。校則だって，児童生徒のふるまいを統制するだけでなく，児童生徒の自己実現を支えるための材料にできる。みなさんは，これまでどんな生徒指導を受けてきただろうか。それらを応用すると，子どもたちにどんな生徒指導ができるだろうか。時間のあるときに，ぜひ友だちとの話題にしてほしいと思う。

〔伊藤　秀樹〕

● **考えてみよう！**

- ▶ あなたが小学校・中学校・高校時代に受けた生徒指導を思い出し，それらの指導のよい点と問題点について考えて，書き出してみよう。
- ▶ あなたの学校にあった校則について，その教育的意義を考えてみよう。教育的意義が思いつかない場合は，なぜその校則が必要とされていたのかについて，考えてみよう。

● **引用・参考文献**

伊藤秀樹（2013）「指導の受容と生徒の『志向性』―『課題集中校』の生徒像・学校像を描き直す」『教育社会学研究』第93集：69-90

伊藤美奈子（2006）「子どもを育む」秋田喜代美・佐藤学編著『新しい時代の教職入門』有斐閣，pp. 81-102

国立教育政策研究所（2012）『生徒指導リーフ　生徒指導って，何？』https://www.nier.go.jp/shido/leaf/leaf01.pdf（2016年6月15日閲覧）

住田正樹（2006）「教師生徒関係」新井郁夫・住田正樹・岡崎友典編著『新訂　生徒指導』放送大学教育振興会，pp. 39-53

文部科学省（2010）『生徒指導提要』教育図書

藥師実芳・笹原千奈未・古堂達也・古川奈津己（2014）『LGBTってなんだろう？』合同出版

● COLUMN ●

▶ 傾聴・共感・受容

　児童生徒理解を目指して子どもたちに話を聞くうえで重要な態度として,「傾聴」「共感」「受容」の三つを挙げておきたい(以下,伊藤 2006: 87-90)。

　「傾聴」は,単に言葉を聞いて表面的な意味を理解しようとするだけでなく,その言葉に隠された気持ちの部分に耳と心を傾けるという態度のことである。そのためには,子どもの言いたいことを先回りしたり,大人の常識を押しつけたりすることなく,子どもが自分の口から言葉を発するまで,じっくりと待つ必要がある。また,表情や身振り,声の調子,抑揚などの,言葉以外のメッセージに気を配ることも重要である。

　「共感」は,相手の立場や気持ち,痛みや苦しみを正確に受け取ろうとする態度のことである。ただし,相手の心情に引きずられすぎず,教師として「悪いことは悪い」と伝えられるように,冷静な判断を心がける必要がある。

　「受容」は,相手が話す内容を,ひとまず評価せずにしっかりと受け止める態度のことである。たとえ子どもの非を諭すときでも,頭ごなしに相手の主張を否定したのでは,言いたかった核心部分を子どもが語れないままになってしまう。また,最初から批判的な態度で下される助言よりも,一度自分の言い分を受け止めてもらったうえで話される助言の方が,子どもたちの心にはより浸透しやすいものになるだろう。

　子どもたちから話を聞く中で,「伝えたい」「教えたい」という気持ちが先走ってしまいそうになることがあるかもしれない。しかし,まずは子どもたちの気持ちや言葉をしっかり受け止めるところから始めるということを,たえず思い出す必要があるだろう。

〔伊藤　秀樹〕

第Ⅰ部　教職に就く

第7章

情報社会の進展と学校教育

● 本章のねらい ●

情報社会の進展によって求められる資質・能力，わが国の児童生徒の情報活用能力やICT環境整備の現状について理解し，具体的にどのようなICTを活用した授業が行われているか，その考え方や海外事情についても解説する。

第1節　情報社会の進展で求められる資質・能力

　わが国の将来像を語るうえで，今や必ず話題になるのは人口減や高齢化である。今の小学生が40代となり，社会の中核として活躍する頃，日本の人口はピークから約3000万人減った9500万人程度と予想されている。加えて，65歳以上の高齢者が約40％を占めているという（国土審議会2011）。国力の低下が憂慮されている。働き手が少なくなる中では，今まで以上の成果を挙げて，やっと現状維持となる。そのような時，コンピュータといったICT（Information and Communication Technology）は大きな助けとなるだろう。ICTを活用して，これまでより短い時間や少ない人数で成果を挙げたり，情報社会の進展によって将来生まれるだろう未知なる仕事をこなしたりしていく必要がある。
　AI，IoT（Internet of Things），ドローンなど，次々と新しいICT技術が開発されている。その結果，それらを使いこなしたり，次々と新しいタイプの

情報モラルやルールが求められたり，新しいタイプの犯罪などから身を守ったりする必要も出てくる。それらに対して恐れを抱いたり，違和感をもったりするのも当然であろう。若い学生すら，未来社会を予想した動画を閲覧後，「そんなに楽になったら人間が退化する」などといった感想を述べるケースがある。しかし，本当に普及するものは，そういったことを上手に乗り越えて，人々の生活に徐々にしみこんでいく。昔は，カメラのピント，露出やシャッタースピードは自分で計算してセットする必要があったし，銀行窓口に並んでお金を下ろしていたし，寒い日の朝にエンジンをかける際はチョーク操作が必要であった。もはや何のことをいっているかわからないかもしれないくらい，今の人々はカメラやATMを当然のように使い，気象条件を気にすることなくエンジンをワンプッシュで一発でかける。これらはすべてコンピュータプログラムで制御されているが，それを気にかける人はほとんどいないだろう。ただ，カメラの撮影が自動化されても，誰もが美しい写真が撮れるわけではない。伝わる被写体を検討したり，構図を工夫したり学ぶべきこともたくさん残されている。決して仕事が楽になることはなく，求められる水準が上がっているのである。

　現代社会において，人々の能力はICT活用を含んで評価される。たとえば，仕事において，カメラのピントを手動で合わせたからうまくいかなかった，現像やプリントに時間がかかったら終わらなかったは，言い訳にならない。基本設定が自動化され，撮影した画像が瞬時に確認できるデジタルカメラを使いこなすことを前提に業務が進んでいく。ありとあらゆる仕事がそうである。また，多くの仕事は，他者との協働作業が前提であり，デジタル化された文章ファイルをやりとりしたり，再活用したりして，進んでいく。もはや100字程度の文章を手書きで求められても，ワープロで下書きして，手書きの前にメールで確認を求めたりする。このように考えれば，たった一人で，記憶に頼り，紙と鉛筆のみを使って回答する入試は，現代社会で求められる資質・能力のごく一部のみを測定しているに過ぎないと考えてしまう。

　学校教育には，時代が変わっても変わらず大事なことがある。その一方で，社会の変化や要請に応じることもまた求められている。否応なしに進む情報

社会に対して，学校教育はどのように応えるか，我々は大きな問題を突きつけられているといえるだろう。

第2節　学校における情報化の現状

1. 児童生徒の情報活用能力の現状

　2018（平成30）年度青少年のインターネット利用環境実態調査（内閣府 2019）によれば，高校生の82.6％，中学生の61.0％，小学生の39.4％が平日1日当たり2時間以上インターネットを活用している（図7.1）。とくに高校生の39.4％が4時間以上である。これだけ活用していれば，さぞ情報活用能力が高いと思われるかもしれない。

　しかし，PISA2015（国立教育政策研究所 2016）の調査結果によれば，前回調査と比較して，読解力の順位が有意に低下した。この理由について「コンピュータ使用型調査への移行の影響などが考えられる」と報告されている。つまり，コンピュータ使用型調査になると，順位が有意に低下するほど，15歳のコンピュータ操作スキルは低い。

　ICTを活用した際に求められる読解力は，紙のテストとは少し異なる点もある。たとえば，2画面にわたる表の情報と文章の情報をそれぞれ整理し

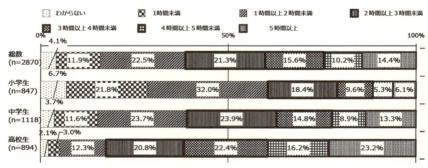

図7.1　青少年のインターネット利用時間（平日1日当たり）

（出所）内閣府（2019）

て付き合わせたりすることである。これらについてキーボード入力で答えることも求められる。キーボードによる文字入力は，「情報活用能力調査（平成25年度実施）」（文部科学省 2017）によれば，小学生5.9文字/分，中学生17.4字/分ある。つまり，学習指導要領で文字入力を学ぶとされる小学生の入力速度は，10秒に1文字とかなり遅い。なお，キーボードについてはスマートフォンなどの文字入力で使われるフリック入力で十分であるという意見もある。しかし，今や外国に在留して働くなどする日本人は135万人いるが，そのコンピュータの多くのキーボードは，アルファベットが書かれた一般的なキーボードである。フリック入力は利用できない。また，音声入力の進展もいちじるしいが，今のところオフィスで「一文字あけて」「次行から」などと，皆が声を上げて作業している様子は思い浮かべにくい。文部科学省の「2018（平成30）年度以降の学校におけるICT環境の整備方針（通知）」においても，ハードウエアのキーボードが推奨されている。

　これらの結果は，児童生徒がスマホなどを体験的に活用するだけでは不十分であり，意図的な学習も必要であることを意味している。「若者はあっという間にICTを覚える」「教える必要はない」などということはなく，少なくとも業務や問題解決で活用できるレベルのICTスキルの習得には，一定のトレーニングが必要であろう。これらが不足している現状がある。

2. 学校におけるICT環境整備の現状

　学校におけるICT環境整備の課題は，①整備率が低いこと，②地域間の格差が大きいこと，に集約されるであろう。2019年4月に文部科学大臣による中央教育審議会への諮問「新しい時代の初等中等教育の在り方について」においても，「学校のICT環境は脆弱であり，地域間格差も大きいなど危機的な状況」と示されている。「危機的」という行政文書ではあまり見られない記述からも，その深刻さが表れている。

　学校における教育の情報化の実態等に関する調査結果（文部科学省 2019）を以下に示す。（　　）内は前年度である。
・教育用コンピュータ1台当たりの児童生徒数　5.4人/台（5.6人/台）

- 普通教室の無線 LAN 整備率　40.7%（34.5%）
- 学校のインターネット接続率　100Mbps 以上　69.1%（63.2%）
  　　　　　　　　　　　　　　30Mbps 以上　93.4%（91.8%）
- 普通教室の大型提示装置（プロジェクタ・電子黒板等）整備率 51.2%
- 教員の校務用コンピュータ整備率　120.6%（119.9%）
- 統合型校務支援システム整備率　57.2%（52.5%）

　学習指導に活用するICT環境は，かなり貧弱である。コンピュータを普通教室で日常的に活用しようと思うと，できない学校ばかりである。加えて，教員がデジタル教科書等を拡大提示するための大型提示装置も，半分の教室でしか活用できない。多くの教室は，未だに黒板しか設置されておらず，トーク＆チョークな授業が展開されている。教員用の校務用コンピュータは100％を超えているが，それを活かす校務システムの導入は，まだこれからである。

　都道府県別に，教育用コンピュータ1台当たりの児童生徒数を見てみると，佐賀県（1.8人／台）が最も高く，愛知県（7.5人／台）が最も低い。上位・下位5位を表7.1に示す。義務教育であるはずなのに，地域間で大きな差のある状態になっている。どうしてこのような状態になるのであろうか。

　国は2018〜2022年度まで単年度1,805億円の地方財政措置を行う見込みとなっている。5年間で1兆円近い予算である。それ以前にも毎年1500億円程度は予算措置がなされてきた。また，学習目標や内容を示すべき学習指導要領の総則には「各学校において，コンピュータや情報通信ネットワーク

表7.1　都道府県別　教育用コンピュータ1台当たりの児童生徒数

上位・下位5位　2019年3月現在

順位	都道府県名	人／台	順位	都道府県名	人／台
1	佐賀県	1.8	43	神奈川県	6.9
2	鹿児島県	3.3	44	福岡県	7.1
3	高知県	3.6	45	埼玉県	7.4
4	鳥取県	3.7	46	千葉県	7.4
5	徳島県	3.7	47	愛知県	7.5

などの情報手段を活用するための環境を整え」，とICT環境整備について異例の言及がなされている。さらに，第2期および第3期の教育振興基本計画にも，ICT環境整備の充実が記述されている。これらの施策が確実に実施されれば，3人に1台程度のコンピュータは整備される。

　しかし，ICT環境整備は，国ではなく，学校の設置者である地方自治体の責任で行われる。国からの地方財政措置を何に費やすかは，地方自治体の判断である。防災や道路，観光振興にも充てることができる。地方自治の時代にあって，学校のICT環境整備に国の権限は及ばない。多くの自治体において予算が潤沢でないこと，ICT環境整備の優先順位が高くないことが，こうした格差を生むことになっている。とはいえ，今どき予算が潤沢な自治体などない。それでも整備を推進している自治体が多くあることは忘れてはならないだろう。

　2019年の全国学力・学習状況調査の中学校英語では，コンピュータを用いた「話すこと」調査が行われた。ヘッドフォンで英語による問題文を聴き，英語で話して回答するテストである。ペーパーテストと比べればより実践的な力が求められる。本テストでは，USBメモリを使って実施されたが，なぜインターネットを使って配信しないのか，USBメモリにかかる費用や手間が無駄ではないかと批判にさらされた。しかし，事前の調査で，中学校の貧弱なICT環境，インターネット回線では，USBメモリの利用が最適と判断された。それでも全国の約500校でこの中学校英語の調査テストは実施されなかった。このうち相当数の学校は，ICT環境が貧弱であるがゆえに，あらかじめ受験しないと決めた学校であったと聞く。ICT環境の不十分さ，地域間の格差の問題は，ここにも生まれている。

第3節　児童生徒によるICT活用

1. 児童生徒によるICT活用の目的

　児童生徒によるICT活用の目的は，教科の目標を達成するためのみならず，

情報活用能力の育成のためでもある。情報活用能力は，新学習指導要領総則において，言語能力，問題発見解決能力等ともに学習の基盤となる資質・能力に位置づけられた。たとえば，ICT 機器そのものの操作能力を身につけたり，情報を効果的に収集したり，整理したり，表現したりする能力を育てることである。また，情報モラルやプログラミングも，情報活用能力に含まれる。

2. 児童生徒1人1台の情報端末の活用が始まって

日常的に普通教室でタブレット PC が使えることを活かして，児童生徒がタブレット画面上に記入したそれぞれの考えを一斉に提示したり，比較したりして，意見を交換する活動も行われている。ドリル学習を行ったり，観察記録の際に写真を撮影したり，プレゼン練習をビデオで撮影したりと，さまざまな活用も始まっている（**写真7.1**）。

児童生徒1人1台のタブレット PC が整備された普通教室では，たとえば，わざわざコンピュータ室に行かなくても児童生徒は情報の検索ができたり，さまざまな資料を閲覧できたりする。なかなかできなかった学習活動が日常化しやすくなるメリットがある。区内のすべての小中学生がタブレット PC を持つ渋谷区の学校や，10年にわたり児童数分のタブレット PC を活用する広島市立藤の木小学校（2019）など，小さな変化が積み重なり，大きな変化をもたらしている。

一方で，タブレット PC での情報の検索という学習活動であっても，児童生徒の操作スキルや検索スキル，タブレット PC や無線 LAN などの ICT のトラブル，準備時間の確保など，実は多くの課題がある。従来の学習方法以上の成果をあげるのは一筋縄ではない。ましてや，

写真 7.1

学習者用デジタル教科書の活用，反転授業等の新しい道具や考え方であれば，さらにクリアすべき課題がある。成功した実践事例には，教員が拡大提示といったICTを活用した指導に慣れていたり，児童生徒がICT機器の操作スキルを習得していたり，トラブルがなく台数に不足のないICT環境が構築されていたりといった前提がある。

2. プログラミング教育

新学習指導要領では，新たに小学校にプログラミング教育が位置づけられた。プログラミング教育についてさまざまな意見がある。そこで改めて原典を確認したいと思う。小学校学習指導要領では，総則に，

> 児童がプログラミングを体験しながら，コンピュータに意図した処理を行わせるために必要な論理的思考力を身に付けるための学習活動

と示されている。これが小学校のプログラミング教育における最上位の記述といえ，教科等の実践においても，この記述に基づいて実施されることになる。まずプログラミングを体験することが重要であるといえよう。加えて，5年算数（正多角形），6年理科（電気），総合的な学習の時間に記述がある。

小学校学習指導要領解説総則編には，

> 子供たちが将来どのような職業に就くとしても時代を越えて普遍的に求められる「プログラミング的思考」（自分が意図する一連の活動を実現するために，どのような動きの組合せが必要であり，一つ一つの動きに対応した記号を，どのように組み合わせたらいいのか，記号の組合せをどのように改善していけば，より意図した活動に近づくのか，といったことを論理的に考えていく力）を育む

と，「プログラミング的思考」と，その定義が示されている。同時に，「プログラミングに取り組むねらいは，プログラミング言語を覚えたり，プログラミングの技能を習得したりといったことではなく」といった記述もある。つ

まり，プログラミング言語や技能というより，思考（考え方）を育む教育といえよう。教科でのプログラミングは，教科の目標を達成するための手段に位置づけられている。

現在行われている多くの実践は，こうしたねらいに沿って行われているが，地域によっては高度すぎて，教員も児童もついていけないケースがみられる。何事も最初は体験である。たとえば，プールの授業では，まずは水に慣れたり，水で遊んだりすることから始める。こうした学習指導の考え方をプログラミング教育でも大事にする必要がある。プログラミングどころかコンピュータも使ったことがないのに，最初から教科の目標を達成する手段にすることはできない。無理をすれば苦手意識が生まれてしまうだろう。まずはプログラミングを楽しく体験することから始めたい。こうしたカリキュラム作成が重要となる（高橋・三井 2019）。

第4節　教員による ICT 活用

1. すべての基本となる ICT 活用

教員による ICT 活用は，授業における ICT 活用の基本である。そして，その ICT 活用の大部分は，教科書や教材等の拡大提示である。

教科書等を拡大提示しながら，教員が話すことで，より興味関心を高める発問になったり，言葉だけでは困難なことをわかりやすく説明したり，明確な指示をしたりすることができる。とくに，学力が低位の児童生徒には，拡大提示を用いて伝えた方がわかりやすい（写真7.2）。

写真7.3 は，教科書の大事な

写真7.2　教科書を拡大提示しながら指導する

第7章　情報社会の進展と学校教育

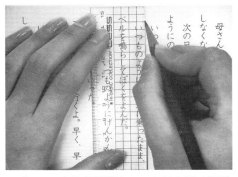

写真7.3　実物投影機を用いた線を引く指導

箇所に線を引く指導場面である。実物投影機で拡大提示することで二つのことを教えている。「線を引く位置」と「線の引き方」である。定規の向きや手の位置といったことも、教員がお手本となり教えている。他にも、答え合わせのシーンを拡大提示すれば、正解のみならず、答えの合わせ方も伝えることができる。

教員が教えたいのは、正解そのもののみならず、導き方や学習スキルも含めてである。学力の底上げを図りたい教員にとって役立つ活用方法である。

2. 拡大提示のための ICT 活用のポイント

教員が教科書や教材等を拡大提示して学習指導する際は、映す内容、つまり、(1) 拡大提示する教材の選択が重要となる。しかし、どんなに素晴らしい教材であっても、拡大提示しさえすれば児童生徒が学習するわけではない。加えて、(2) どのように拡大提示するか（焦点化）、(3) 何と教師が話すか（発話）、についても適切な検討を行い、それらを組み合わせて指導を行うことがポイントとなる。これら三つが、教員による教材の拡大提示を学習指導として成立させるためのポイントになる（詳しくはシリーズ7巻にて）。

第5節　諸外国における先進的な ICT 活用実践

2010年頃まで、諸外国においては、電子黒板やプロジェクタ、それらに映すためのデジタルコンテンツや実物投影機の活用が先進的な実践として取り上げられていた。いわゆる教員によるICT活用である。現在では、多くの国々で、このためのICTが普通教室に常設され、当たり前に活用されている。

近年，諸外国で最も着目されているのは児童生徒のICT活用である。これには二つの方向性がある。

一つは，わが国でいう情報教育に相当し，教育内容として，コンピュータやプログラミング，情報の取り扱い方等を学ぶ方向である。たとえば，イギリスでは，2014年9月より，初等学校（6年間）・中等学校（5年間）において，教科「Computing」を必修で実施している（イギリス教育省 2013）。それによって，基本的な操作の習得等から，より高次なアルゴリズム思考や創造的な思考力の育成に力を入れる方向へ舵がきられるなど，カリキュラムが大きく変わった（小柳 2013）。つまり，単に仕事で使えるといったリテラシーレベルから，より深くコンピュータや情報通信ネットワークを理解することで，より高度なデジタル社会に対応あるいは構築できる人材を育成しようとしていることがうかがえる。

もう一つは，学習方法として，コンピュータや情報通信ネットワークを活用する方向である。わが国でいう授業におけるタブレットPCの活用は，主にここに位置づく。とくに，アメリカやオーストラリアといった国々では，普通教室での学習において，デスクトップPCの時代から，ノートPC，ネットブック，タブレットPCと移り変わりつつも，常にICTを活用した授業を行ってきており，わが国にはないノウハウがあると感じられる。

2014年にオーストラリアの二つの州の教育省および8校の訪問調査を行った（教員研修センター 2015）。訪問した学校のほぼすべての児童生徒は，自分用の情報端末をもっていた。小学校4年生くらいまではタブレットPCが多く，それ以降から高校生までは，ほとんどがキーボード付きのPCを所有していた。多かった情報端末の活用方法は，ブラウザでの情報収集，ワープロ，メール等であり，ほとんどは大人が日常の業務で行うような活用方法であった（**写真7.4**）。特別なソフトウェアはほとんど活用されていなかった。

こういったICTを活用した学習活動が，思考力育成のプロセスとして，位置づけられていることも多々あった。教室には思考力育成のためのフレームワークが掲示され，段階的な学習活動が推進されていた。たとえば，ノートPCでワープロを用い，マインドマップを作成する学習活動もその一つに

第7章　情報社会の進展と学校教育

写真7.4　オーストラリアの小学校での情報端末の活用

位置づけられていた。そして、マインドマップの項目の検討のために、インターネットの情報を検索していた。このようにノートPCの活用が主ではなく、日常の何気ない道具として位置づいているシーンを繰り返し見ることができた。アメリカも似たような状態にあった（教員研修センター 2014）。

　こういったICT活用が先進的であるとすれば、まずわが国とはICT環境が異なる。児童生徒の人数かそれ以上のコンピュータが普通教室にあり、プロジェクタ等も常設されていた。そして、ブラウザやワープロなど、一般的なソフトウェアで、情報の収集をしたり、整理・分析をしたり、まとめ・表現をしたりして、当たり前のように日常的にICTを活用して学んでいる点が異なっている。一方、わが国では、少ない設備であることのみならず、「ICTらしい活用」とか「ICTならでは」といったICT活用そのものに新規性を求める努力をするケースが散見される。たとえば、ワープロや表計算ソフトといった一般的なソフトウェアの活用よりも、タブレットPC専用の特別なソフトウェアが好まれる。こういった「特別感」が、わが国における日常的なICT活用に向けて、どの程度必要なのか、諸外国の例から学ぶことはあるだろう。

第6節　授業でのICT活用の考え方

　「わかる」のレベルを、「浅い」と「深い」に区別して考えるならば、教科書やデジタルコンテンツ等の拡大提示は浅いわかりの段階に効くと考えられる。たとえば、児童が立方体の展開図をデジタルコンテンツで見てわかった

気になったとしても，浅いわかりの段階に過ぎない。本質的な深いわかりに誘うためには，実際に展開図を作って立方体を組み立ててみたり，見方・考え方を働かせながらさまざまな種類の展開図で確認したり，友人と比較したり説明し合ったりといったことが必要である。つまり，深いわかりを得る段階では，デジタルコンテンツを超えた学習活動となる。現時点で，デジタルコンテンツそのものに，こういった学習活動までを保証する機能は実装できていない。仮にICT技術が大きく進展しても，深いわかりを得るために，直接体験や言語活動が必要であることは変わらないと予想される。

ICT活用が効く場面を割り切ることが必要となる。最初の浅いわかりは，児童生徒の学習の動機づけにも重要である。最初がわからなければ，深いわかりにも到達できない。この部分にICTによる拡大提示はとくに効果があると割り切るのである。また，児童生徒は生まれたときからテレビやビデオといった映像を観て育っている。板書と教員の言葉のみで理解を促すのは困難である。最終的に児童生徒が教員の言葉だけで理解できることが理想でも，学習の初期段階に，ICTを活用するのは有効である。

薬に万能薬がないように，ICTは何にでも効く魔法の杖ではない。効果的な活用場面を見極めて活用することで，優れた学習指導の手段となる。

［高橋　純］

● 考えてみよう！

▶ 情報社会に生きる児童生徒には，ICTを活用したどのような能力が必要とされるだろうか。具体的に挙げてみよう。

▶ あなたがICTを効果的に活用して学習指導する力を身につけようとするならば，何を学んだら良いだろうか。具体的に挙げてみよう。

● 引用・参考文献

イギリス教育省（2013）NationalCurriculum http://www.education.gov.uk/（2015 年 1 月 13 日閲覧）

小柳和喜雄（2013）「情報活用能力の育成に関する諸外国の動向」『学習情報研究』2014 年 1 月号：16-19

ガートナー ジャパン（2018）「グローバル調査で浮き彫りになった日本の働き方改革に立ちはだかる課題」https://www.gartner.co.jp/press/html/pr20180312-01.html（2019 年 9 月 1 日閲覧）

教員研修センター（2015）教育課題研修指導者海外派遣プログラム研修成果報告書「学校教育の情報化・ICT の活用」オーストラリア

教員研修センター（2014）教育課題研修指導者海外派遣プログラム研修成果報告書「学校教育の情報化・ICT の活用」アメリカ

国土審議会（2011）「国土の長期展望」https://www.mlit.go.jp/common/000135838.pdf（2019 年 9 月 1 日閲覧）

国立教育政策研究所（2019）「教員環境の国際比較：OECD 国際教員指導環境調査（TALIS）2018 報告書—学び続ける教員と校長—の要約」http://www.nier.go.jp/kenkyukikaku/talis/pdf/talis2018_summary.pdf（2019 年 9 月 1 日閲覧）

国立教育政策研究所（2016）「OECD 生徒の学習到達度調査（PISA）」http://www.nier.go.jp/kokusai/pisa/pdf/2015/01_point.pdf（2019 年 9 月 1 日閲覧）

国立教育政策研究所（2013）PIAAC 日本版報告書「調査結果の要約」http://www.nier.go.jp/04_kenkyu_annai/pdf/piaac_summary_2013.pdf（2019 年 9 月 1 日閲覧）

高橋純・三井寿哉（2019）『これが知りたかった！すぐにできるプログラミング授業実践 小学校理科』東洋館出版社

内閣府（2019）「平成 30 年度青少年のインターネット利用環境実態調査」https://www8.cao.go.jp/youth/youth-harm/chousa/h30/net-jittai/pdf/kekka_gaiyo.pdf（2019 年 9 月 1 日閲覧）

広島市立藤の木小学校（2018）『未来の学びへの挑戦 II「鍛えて発揮する」主体的・対話的で深い学びを実現する かく活動×ICT 活用』教育同人社

文部科学省（2015）「情報活用能力調査の結果について」http://www.mext.go.jp/a_menu/shotou/zyouhou/1356188.htm（2019 年 9 月 1 日閲覧）

文部科学省（2019）「平成 30 年度学校における教育の情報化の実態等に関する調査結果」http://www.mext.go.jp/a_menu/shotou/zyouhou/detail/1420641.htm（2019 年 9 月 1 日閲覧）

● COLUMN ●

▶ 情報社会にいきる子どものために〜情報モラル指導〜

　警察庁が公表している「出会い系サイト及びコミュニティサイトに起因する事犯の現状と対策について」(2015年)によれば，被害に遭った児童(満18歳に満たない者)の46.2％が，携帯電話やインターネットの利用に関して，保護者から何の注意も受けていなかった。さらに注意を受けていたという児童でも，一般的な注意に留まっていた者が27.2％であった。両者を合わせると四分の三程度が，保護者から適切な指導を受けていない状態であったといえる。スマホ等の購入は，保護者が来店して購入および保護者と被害児童が一緒に来店，で100％であり，児童に買い与えているのは保護者である。しかし，保護者による指導は適切であるとはいいがたい現実がある。

　そこで期待されるのが学校となる。学校での指導を受けたと回答した児童は67.9％であったものの，「不登校なので分からない」の23.0％の存在も考え合わせると，ほとんど学校では情報モラル指導が行われてはいたといえる。つまり，問題は情報モラル指導が実施されていないことではなく，指導の効果が確実に得られていないことである。しかし，指導を受けたとする児童のうち23.0％は「教えてもらったが，自分は大丈夫だと思っていた」と回答しており，効果的な指導は簡単ではないこともうかがえる。

　全国学力・学習状況調査(国立教育政策研究所，2015年)の児童質問紙の調査結果によれば，「普段(月〜金曜日)，1日当たりどれくらいの時間，携帯電話やスマートフォンで通話やメール，インターネットをしますか」の質問に対して，平均正答率が最も高かったのは，「携帯電話やスマートフォンを持っていない」群ではなく，「30分より少ない」群であった。このことは，スマホ等を一律に禁止すればよいわけではないことを示唆している。ダラダラとスマホ等を使うのではなく，目的をもって必要な場合のみに短時間で使うことが求められている。つまり，適切なスマホとのつきあい方を指導していくことが必要といえる。

　情報モラルの欠如が原因となり起こる問題は，マスコミが報じるような大きな事件ばかりではない。SNSやメッセージアプリ等への依存，歩きスマホによる交通事故など，誰にとっても身近な問題も多くある。こういった身近な事例から，保護者と学校が連携しながら指導をしていくことが求められている。

［高橋　純］

第Ⅱ部

教職を広げる

第Ⅱ部　教職を広げる

第8章

制度・組織の中で生きる教師
―教育法制と教師の職務―

● **本章のねらい** ●

　学校は，学校教育法に定められた公的な教育機関である。学校は，それにふさわしい内容と水準を確保するため，学校教育法や地方教育行政の組織及び運営に関する法律等の定める規定に従って運営することが求められ，また，学校教育を担う教師には，地方公務員法や教育公務員特例法等の法令に従ってその職責を遂行することが求められている。

　本章では，学校教育が，どのような法令，制度，基準等に従って行われているのかについて確認する。また，教職員の組織がどのように変化しつつあるのか，地方公務員，教育公務員としてどのようなことが求められているのかを概観するとともに，教員資格，研修制度の在り方について学ぶこととする。

第1節　教育行政制度の中の学校

1. 教育行政とは──不当な支配の排除の原理，法律主義の原理

　学校教育は，教育行政の下で行われている。教育行政は，一般行政とは異なる性質を有している。教育とは，一人ひとりの人格や集団の文化など，かけがえのない（取り返しのない）価値に関わる重要な営みであり，それゆえに，それを司る教育行政は，特別な性質を有している。

　教育基本法第16条は「教育は，不当な支配に服することなく，この法律

及び他の法律の定めるところにより行われるべきものであり，教育行政は，国と地方公共団体との適切な役割分担及び相互の協力の下，公正かつ適正に行われなければならない」と規定している。「不当な支配に服することなく」とは，教育の不偏不党性，中立性を意味しており，教育が専ら教育本来の目的に従って行われることをゆがめるような介入が禁止されていることを意味している。そのために，国家の教育への関与はできるだけ，抑制的であること（非権力的であること）が求められる。

　また，教育の法律主義が規定されている。これは国民の代表者で構成される国会が制定した法律によらなければならないという意味で民主性を意味しているとともに，法律によらなければ教育に介入できないという意味では国家の教育への関与の歯止めとしての機能を意味している。

2. 教育委員会制度

　地方教育行政の組織及び運営に関する法律は，教育行政は，地方自治体においては，首長から独立した行政委員会である教育委員会が担うことについて規定している。教育委員会は，都道府県，市町村に設置され，知事や市町村長から独立して運営される行政委員会であり，学校等の教育機関を管理している。教育行政は一般行政から独立性をもって行われ，また，選挙の度に教育方針が短期的に変更されたりすることは望ましくないと考えられており，教育委員会制度は，教育行政の中立性，安定性・継続性を保障する制度として戦後の地方教育行政を担ってきた。

　しかし，その一方，責任が不明確である，教育課題に対しすばやい対応ができないなどの批判がなされ，2014（平成26）年6月に教育委員会制度が大きく変更された。独立性を有する合議制執行機関（通常，教育長と4名の委員で構成）としての位置づけは維持されたが，教育長が教育委員会の責任者であることが明確にされ，首長も総合教育会議を通じて教育行政の方針・大綱の策定に関与ができるように変更された。

　なお，市町村には東京都の特別区が含まれている（以下同じ）。

第2節　学校の組織運営，授業実践についての法制

1. 学校の設置者負担主義，設置者管理主義

　教育基本法第6条は，「法律に定める学校は，公の性質を有するものであって，国，地方公共団体及び法律に定める法人のみが，これを設置することができる。」と規定し，公の組織である学校は，その質を担保するために，国，地方公共団体，法律に定める法人にのみ設置することを認めている。

　また，学校教育法第5条は，「学校の設置者は，その設置する学校を管理し，法令に特別の定めのある場合を除いては，その学校の経費を負担する。」と規定しており，設置者管理主義，設置者負担主義の原則を規定している。公立学校の場合には，学校を設置している都道府県および市町村（教育委員会）が，私立学校の場合には学校法人等が，当該学校を管理運営し，それに要する経費を負担することになる。

　しかし，義務教育諸学校については，この設置者管理主義・設置者負担主義の例外として，都道府県教育委員会は，域内の市町村立の小学校，中学校等の学校の教職員の給与を負担するとともに，その採用，昇任等の人事，研修の権限を有しており，市町村における人材の確保，教育の機会の平等の確保等を図るための制度設計がなされている（「県費負担教職員制度」という）。

　一方，私立学校は，私学としての自主性が認められているが，公立学校同様に公教育を担っていることから，家庭教育や塾のようにまったく自由に運営できるわけではなく，法律に定める法人（学校法人等）のみに設置が許され，学校教育法や学習指導要領等の法的ルールに従って運営されている。

2. 授業実践に関する法制度——学習指導要領，教科書

　授業実践は，一人ひとりの教師の創意工夫に委ねられている。しかし，それは教師が，まったく自由に行えるということではない。教師の授業実践は，国の教育課程行政の柱である学習指導要領と検定教科書制度の下で展開されている。

前者（学習指導要領）については，学校は，教育基本法，学校教育法等の法令の規定や学習指導要領の定めに従って教育課程を編成したり，授業実践をしたりすることが求められるということである。学校の教育活動は，教育基本法第1条（教育の目的），第2条（教育の目標），第5条第2項（義務教育の目的），さらには，学校教育法に規定された学校種ごとの目標等をふまえて行われる必要がある。また，学校の教育課程は，学校教育法施行規則に定められた授業時数等の他，文部科学大臣が基準として示した学習指導要領に従って編成され，その枠組みの中で日常の授業が展開されることになる。なお，学習指導要領は，「告示」として一定の法的拘束力があるとされている。

後者（検定教科書制度）について，各教科においては，文部科学大臣の検定を経た教科用図書または文部科学省が著作の名義を有する教科用図書（教科書）を使用して授業を行うことが求められる。なお，教科書は，公立学校においては，教育委員会が採択し，私立学校においては，校長が採択する。

(1) 国の教育課程の基準としての学習指導要領

文部科学省は，全国的な教育の機会均等と教育水準の維持向上のために，学校教育法等に基づき，各学校で教育課程を編成する際の基準として「学習指導要領」を定めている。学習指導要領では，小学校，中学校，高等学校，特別支援学校などの校種ごとに，教科の目標や教育内容を定めており，また，学校教育法施行規則では，教科等の年間の標準授業時数等を定めている。各学校は，学習指導要領や学校教育法施行規則（標準授業時数）をふまえ，地域や学校の実態に応じて教育課程を編成することとなっている。

(2) 教科書制度（検定制度，採択制度，無償給付制度）
① 教科書検定

わが国は，基本的に民間が教科書を編集し，その内容が適切かどうかを国が検査する制度（教科書検定制度）を採用している。各教科の授業では，検定に合格した教科書（または文部科学省著作教科書）を使用しなければならないとされている。

② 教科書採択

市町村立学校の教科書については，都道府県教育委員会が隣接地域ごとに教科書採択区を設定し，域内の教育委員会は，協議して種目ごとに同一教科書を採択しなければならないとされている。法令上，個々の教師には，教科書の決定権は認められていない。

③ 義務教育における教科書の無償給付

教科書は，義務教育諸学校の教科用図書の無償措置に関する法律に基づいて，義務教育諸学校の教科書は無償給付されている。ただし，判例上，憲法上の「無償」（第26条第2項）とは授業料不徴収の意味であるとされており，憲法上の「無償」とは異なり，政策的判断によって法律によって実施されているものである。

第3節　教職員の組織──さまざまな職種の教職員

新採用の教師は，「教諭」「養護教諭」などとして採用されるが，学校にはそれ以外にもさまざまな名称の教職員がいる。学校教育法第37条第1項・2項は，小学校には「校長，教頭，教諭，養護教諭及び事務職員を置かなければならない」（必置）と規定し，「副校長，主幹教諭，指導教諭，栄養教諭その他必要な職員を置くことができる」（任意設置）としている。ただし，必置とされる「教頭」「養護教諭」「事務職員」は，特別の場合には置かないことができる（たとえば，副校長を置くときは教頭を，養護をつかさどる主幹教諭を置くときは養護教諭を，特別の事情のあるときは事務職員を置かないことができる）。「その他必要な職員」としては，助教諭，講師，養護助教諭等が挙げられる。

なお，学校種によって必置・任意設置の区別，職の種類が異なるので整理しておく必要がある。たとえば，養護教諭は高等学校では任意設置であり，事務職員は高等学校，中等教育学校では必置となっている。なお，高等学校，中等教育学校，特別支援学校には，小中学校にはない職員として，「実習助手」と「技術職員」（任意設置），「寄宿舎指導員」（寄宿舎に必置）がいる。

第8章　制度・組織の中で生きる教師

―― Topics ――
「主幹教諭」と「主任」の違い

主幹教諭と似ているものに「主任」（教務主任，学年主任，生徒指導主事，進路指導主事等）がある。主幹教諭が「職」（post）であるのに対し，主任は「職務」（duty）である。たとえば，学校教育法施行規則第44条第3項は「教務主任及び学年主任は，指導教諭又は教諭をもって，これに充てる」と規定している。これは，「教務主任」という職務を指導教諭，教諭という職にある者が担当するという意味である。つまり，「指導教諭」「教諭」が職名であるのに対して，「主任」とは法的には教育委員会や校長による包括的職務命令と位置づけられている。「主任」という職務を割り当てられた者は，当該領域の教員間の連絡調整にあたるものであり，他の教諭等に対し職務命令を出すことはできない。これに対して，主幹教諭は，所掌事務に関する事項について教諭等に職務命令を発することができる。

表8.1　小学校・中学校に置かれる教職員の一覧

職名	設置	職務（学校教育法第37条）
校長	必置	校務をつかさどり，所属職員を監督する。
副校長	任意	校長を助け，命を受けて校務をつかさどる。
教頭	必置（※）	校長を助け，校務を整理し，及び必要に応じ児童の教育をつかさどる。
主幹教諭	任意	校長（副校長を置く小学校にあつては，校長及び副校長）及び教頭を助け，命を受けて校務の一部を整理し，並びに児童の教育をつかさどる。
指導教諭	任意	児童の教育をつかさどり，並びに教諭その他の職員に対して，教育指導の改善及び充実のために必要な指導及び助言を行う。
教諭	必置	児童の教育をつかさどる。
養護教諭	必置（※）	児童の養護をつかさどる。
栄養教諭	任意	児童の栄養の指導及び管理をつかさどる。
事務職員	必置（※）	事務をつかさどる。

（注）※必置だが，特別の場合にはおかないことができる。

第4節　教職員の組織の変化

1. 新しい職の設置による教員組織の階層化，分岐化

　従来，学校組織は，「なべぶた型」と称された。校長，教頭以外は，年齢，経験，職能にかかわらず「教諭」として対等な関係にあった。これが，鍋のふた（おおぜいの教諭）の上に小さな取っ手のつまみ（校長，教頭）が乗っているようにみえることから「なべぶた型」と呼ばれたのである。

　しかし，近年は，主幹教諭，指導教諭等の新しい職を設置する教育委員会が増えている。そして，教員組織は重層化しているだけでなく，キャリアルートが分化してきている。たとえば，主幹教諭は組織経営に重点を置いているのに対して，指導教諭は教科等の専門的指導に重点を置いている点で異なっている。その結果，教師は「教諭」として採用された後，一定期間を経て，そのまま「教諭」として教師人生を全うする者，教科指導などの専門的分野でのリーダーを目指す者，将来の学校管理職を目指す者など，地域によっては，教師としてのキャリアルートがやなぎの枝のように分岐していく傾向にある（やなぎ型）。

2.「チームとしての学校」という考え方

　学校が，複雑化・多様化した課題を解決し，子どもに必要な資質・能力を育んでいくためには，学校が必要な指導体制を整備することが必要である。とくに，生徒指導や特別支援教育等を充実していくために学校や教員が，スクールカウンセラーやスクールソーシャルワーカーなど心理や福祉等の専門スタッフ等と連携・分担する体制を整備していくことが重要である。

　「チームとしての学校」の体制を整備することによって，教職員一人ひとりが専門性を発揮し，課題の解決のために専門性や経験を生かしていくことができる。

　「チームとしての学校」の体制を構築するためには，次の3点に留意することが必要である。①専門性に基づくチーム体制を構築すること（心理や福

祉等の専門スタッフを含め，学校教育を担う多様な職種の職員の職務内容等を明確化し，質の確保と配置の充実を図る必要があること），②学校のマネジメント機能を強化すること（専門能力スタッフを含めた体制を構築するためには，優秀な管理職を確保し，主幹教諭の配置や事務機能の強化など校長のマネジメント体制を支える仕組みの充実が必要であること），③教職員一人ひとりが力を発揮できる環境を整備すること（教職員がそれぞれの力を発揮していくことができるためには人材育成の充実や業務改善を進めることが必要であること），である。

第5節　教師の身分と地位

1. 地方公務員としての教師

　都道府県立学校，市町村立学校の教員は地方公務員である。憲法は第15条第2項で「すべて公務員は，全体の奉仕者であつて，一部の奉仕者ではない」と規定し，国民全体のために奉仕する存在として位置づけ，地方公務員法第30条（服務の根本基準）は「すべて職員は，全体の奉仕者として公共の利益のために勤務し，且つ，職務の遂行に当つては，全力を挙げてこれに専念しなければならない。」と定め，公務員に対し公共の利益のために勤務することを求めている。

　地方公務員としての教師は，地方公務員法の服務規定に従うことが求められ，職務遂行に関わって求められる「職務上の義務」と，地方公務員としての身分を有する限り勤務時間の内外を通じて求められる「身分上の義務」を果たすことが求められる。

　職務上の義務としては，①「服務の宣誓」，②「職務専念義務」，③「法令及び職務命令の遵守義務」が規定されている。一方，身分上の義務としては，④「信用失墜行為の禁止」，⑤「秘密を守る義務」，⑥「政治的行為の制限」，⑦「争議行為等の禁止」，⑧「営利企業等の従事制限」に服することが求められている（なお，「政治的行為の制限」「営利企業等の従事制限」については，教育公務員特例法は特別の取扱いを定めている）。

表8.2　地方公務員法における服務規定

	服務事項	条文
職務上の義務	・服務の宣誓（31条）	第31条　職員は，条例の定めるところにより，服務の宣誓をしなければならない。
	・職務専念義務（35条）	第35条　職員は，法律又は条例に特別の定がある場合を除く外，その勤務時間及び職務上の注意力のすべてをその職責遂行のために用い，当該地方公共団体がなすべき責を有する職務にのみ従事しなければならない。
	・法令及び職務命令の遵守義務（32条）	第32条　職員は，その職務を遂行するに当つて，法令，条例，地方公共団体の規則及び地方公共団体の機関の定める規程に従い，且つ，上司の職務上の命令に忠実に従わなければならない。
身分上の義務	・信用失墜行為の禁止（33条）	第33条　職員は，その職の信用を傷つけ，又は職員の職全体の不名誉となるような行為をしてはならない。
	・秘密を守る義務（34条）	第34条　職員は，職務上知り得た秘密を漏らしてはならない。その職を退いた後も，また，同様とする。
	・政治的行為の制限（36条，教特法18条1項）	第36条　職員は，政党その他の政治的団体の結成に関与し，若しくはこれらの団体の役員となつてはならず，又はこれらの団体の構成員となるように，若しくはならないように勧誘運動をしてはならない。
	・争議行為等の禁止（37条）	第37条　職員は，地方公共団体の機関が代表する使用者としての住民に対して同盟罷業，怠業その他の争議行為をし，又は地方公共団体の機関の活動能率を低下させる怠業的行為をしてはならない。又，何人も，このような違法な行為を企て，又はその遂行を共謀し，そそのかし，若しくはあおつてはならない。
	・営利企業等の従事制限（38条，教特法17条）	第38条　職員は，任命権者の許可を受けなければ，営利を目的とする私企業を営むことを目的とする会社その他の団体の役員その他人事委員会規則（人事委員会を置かない地方公共団体においては，地方公共団体の規則）で定める地位を兼ね，若しくは自ら営利を目的とする私企業を営み，又は報酬を得ていかなる事業若しくは事務にも従事してはならない。

2. 教育公務員としての教師

　公立学校の教員には，地方公務員法の他に，その特別法である教育公務員特例法が適用される。教育公務員特例法は，教員の特殊な職務特性，勤務態様に応じて特別な規定を定めたもので，校長と教員の採用・昇任の方法，条件附任用，兼職・兼業，政治的行為の制限，教員研修等について規定している。

(1) 採用・昇任における「選考」

　一般職の地方公務員が，「競争試験」によって採用されるのを原則としているのに対し，校長の採用，教員の採用及び昇任は「選考」によるものとされている（教育公務員特例法第11条）。「選考」とは，法的に明確な定義はないが，教員として相応しい資質能力をもっているか，人物評価を含めて総合的な観点から評価することを意味するものと考えられている。

(2) 1年間の条件附採用

　地方公務員の採用は6か月間の条件附採用とされ，その期間を良好な成績で勤務した場合に正式採用となる。これに対し，教員は初任者研修が義務付けられていることから，条件附採用期間は1年間（教育公務員特例法第12条）とされている。

(3) 営利企業等の従事制限，政治的行為の制限の特例

　「政治的行為の制限」については，教育公務員特例法第18条第1項は「公立学校の教育公務員の政治的行為の制限については，当分の間，地方公務員法第36条の規定にかかわらず，国家公務員の例による。」と定めており，国家公務員法第102条，人事院規則14-7が適用され，国家公務員並みの制限を受けている。

　また，「営利企業等の従事制限」について，教育公務員特例法第17条は「教育公務員は，教育に関する他の職を兼ね，又は教育に関する他の事業若しくは事務に従事することが本務の遂行に支障がないと任命権者において認める場合には，給与を受け，又は受けないで，その職を兼ね，又はその事業若しくは事務に従事することができる。」と規定し，教育に関する業務における兼職兼業は特別の扱いが認められている。

(4) 研修機会の保障

　教育公務員特例法は，教員に対して，とくに，勤務場所外研修，長期研修など多様な研修機会を保障している。詳細は，後述する。

3. 教育専門職としての教師の位置づけ

教育基本法第9条は、教師を「崇高な使命」を担う職として位置づけ、研修義務、身分の尊重・待遇の適正について定めている。

> **（教員）**
> 第九条　法律に定める学校の教員は、自己の崇高な使命を深く自覚し、絶えず研究と修養に励み、その職責の遂行に努めなければならない。
> 2　前項の教員については、その使命と職責の重要性にかんがみ、その身分は尊重され、待遇の適正が期せられるとともに、養成と研修の充実が図られなければならない。

(1) 開放制による教員養成と免許制度

教師は「自己の崇高な使命を深く自覚」することが求められている。「崇高」とは、教育の本質が教員と児童生徒との人格的な触れあいにあり、教育を受ける者の人格の形成を促す営みであることを意味している。かけがえのない一人ひとりの子どもたちの人格づくりに関わることへの覚悟を求めているのである。

そのために、教壇に立つすべての者に教師として必要とされる基本的な資質を確保するため、教育職員免許法は、国公立に限らず、私学を含めすべての教員に免許状を求めている（相当免許状主義）。戦前は、教員免許は、教員養成を目的とする師範学校、高等師範学校を卒業した者に制限された「閉鎖制の教員養成」であったが、戦後は、学問研究に基礎をおいて教職の専門職性を高めるため、教員養成学部等に限定されず、広く課程認定を受けた大学

表8.3　教員免許状の種類

種類	特徴
普通免許状	一般的な教員免許状、全国で通用、10年間の有効期限
特別免許状	社会人登用等を想定、授与した都道府県で有効、10年間の有効期限
臨時免許状	普通免許状保有者が確保できない場合を想定、授与した都道府県で有効、3年間の有効期限

において教員を養成するという「開放制の教員養成」へと転換されている。

　教員免許状は，普通免許状，特別免許状，臨時免許状に区分される。普通免許状は，学校の種類ごとの教諭の免許状，養護教諭の免許状，栄養教諭の免許状とし，それぞれ専修免許状（修士が基礎資格），一種免許状（学士が基礎資格）および二種免許状（短期大学士が基礎資格）に区分されている。ただし，高等学校教諭は，専修免許状，一般免許状に区分される。特別免許状は，教員免許をもたない社会人の登用を想定して作られた制度であり，学校の種類ごとの教諭の免許状である。臨時免許状は，普通免許状をもつ教諭等が確保できない場合を想定しており，学校の種類ごとの助教諭の免許状および養護助教諭の免許状となっている。中学校および高等学校の教員の普通免許状および臨時免許状は，教科ごとに授与されている。

　なお，2009（平成21）年4月から，教員免許状の更新制度が施行された。普通免許状，特別免許状に10年間という有効期限が設定され，10年ごとに教師として必要とされる資質をリニューアルするために，大学等が実施する免許状更新講習を修了して，免許更新の手続を行うことを求めている。免許状の更新ができない場合には，教員免許状が失効し，教員として勤務することはできない。このことは，教員免許制度とは資格制度であるだけでなく，実質的には身分制度ともなっていることを示している。

(2) 教師にとっての研修

　教師には，専門職として研修には特別の位置づけが与えられている。一般の公務員では研修は勤務能率の発揮，増進を図るためのものとして位置づけられているが，教育公務員特例法は「教育公務員は，その職責を遂行するために，絶えず研究と修養に努めなければならない。」（第21条第1項）と規定し，研修を教員の職務そのものとして位置づけている。

① **勤務場所外研修，長期研修**

　これを保障するため同法第22条第1項は「教育公務員には，研修を受ける機会が与えられなければならない。」と規定し，これを受け，同条第2項は「教員は，授業に支障のない限り，本属長の承認を受けて，勤務場所を離

れて研修を行うことができる。」（勤務場所外研修），第3項は「教育公務員は，任命権者の定めるところにより，現職のままで，長期にわたる研修を受けることができる。」（長期研修）と定め，さまざまな研修機会を保障している。

現職教師が大学院等で学ぶための一つの方法は，教育公務員特例法第22条第3項による長期研修の制度を活用して，大学院修士課程や教職大学院，教育センター等で学ぶ方法がある。この場合，長期研修は，基本的に，職務として行われている。

なお，教師は，教育公務員特例法第26条第1項による大学院就学休業制度を活用して大学院等で学ぶこともできる。専修免許状の取得を目的として，3年を超えない範囲内で，大学院の課程等で学ぶことができるのである。ただし，大学院修学休業制度は，職務として行われるものではなく，給与は支給されない。

② **法定研修**（初任者研修，中堅教諭等資質向上研修）

教師には，法定研修として，採用から1年間にわたって行われる初任者研修（第23条），相当の経験を有する者を対象とする中堅教諭等資質向上研修（第24条）の受講が義務づけられている。都道府県教育委員会，市町村教育委員会等は，初任者研修，中堅教諭等資質向上研修を含め，教員の各ステージや課題に対応した体系的な教員研修を実施しなければならない。

③ **指導力不足教員の指導改善研修**

また，児童，生徒等に対する指導が不適切であると認定された教諭等に対しては，指導改善研修が行われ，改善が不十分である者に対しては免職等の措置が講ぜられる（第25条の2）。これは，対象となる教員にとっては，研修であると同時に，人事管理や分限手続きとしての性格も併せもっている。

第6節　まとめ

学校教育を担う教師の職務は，子どもの人格を扱う崇高な職務である。それゆえに，教育行政は，不偏不党性，中立性が求められている。また，具体

的な教育実践は学習指導要領や教科書検定制度の下で展開されている。近年，新たな教育課題に対応するために，教員組織は変化することを余儀なくされており，また，教師は「学び続ける教師」であることが求められている。教師は，高い自律性の求められる職業であり，日常の教育活動は，教師一人ひとりの自主性・自発性に委ねられている。教師にはどのようなことが期待されているのかを自覚し，教師の置かれた法制度の趣旨を理解したうえで，教師に与えられた研修等の権利を適切に活用して，子どもや保護者，地域住民の期待に応えられる専門家として，組織人としての力量を向上させてほしい。

［佐々木 幸寿］

● 考えてみよう！

- ▶ 設置者管理主義・設置者負担主義と県費負担教職員制度の関係を考えてみよう。
- ▶ 主幹教諭，指導教諭等の新しい職の設置，チーム学校という考え方の普及によって，学校組織はどのように変化するか考えてみよう。
- ▶ 一般公務員と教育公務員の法的な位置づけの共通性と相違をまとめてみよう。

● 引用・参考文献

佐々木幸寿（2009）『改正教育基本法――制定過程と政府解釈の論点』日本文教出版
佐々木幸寿編著（2019）『学校法　第二版』学文社
佐々木幸寿・柳瀬昇（2009）『憲法と教育　第二版』学文社
篠原清昭編著（2013）『教育のための法学』ミネルヴァ書房
德永保編著（2014）『教育法規の基礎理解』協同出版
結城忠（2012）『日本国憲法と義務教育』青山社

● COLUMN ●

▶ 学校における働き方改革

2018年に働き方改革関連法が成立した。この働き方改革関連法は，労働基準法，労働安全衛生法などのいくつかの法律からなっており，とくに，労働基準法については，労働時間法制の大きな見直しを含むなど70年ぶりの本格的な改革となっている。労働時間法制の見直しの主なポイントは，残業時間の上限を規制したこと，年5日の年次有給休暇の取得を企業に義務づけたこと，労働時間の状況を客観的に把握するよう企業に義務づけたこと等にある。

教員の働き方改革についても，国全体の働き方改革関連法の成立を受けて，文部科学省が「公立学校の教師の勤務時間の上限に関するガイドライン」（2019年1月25日策定）（以下「ガイドライン」）を示すとともに，「学校における働き方改革に関する取組の徹底について」（通知）を発出し，上限指針と勤務時間管理の徹底，業務の役割分担・適正化などを進める施策を示した。

〈ガイドラインの主な内容〉

公立学校教員は，公立の義務教育諸学校等の教育職員の給与等に関する特別措置法（以下「給特法」）が適用されるため，職務命令に依らない勤務時間外の業務は教員の自発的な勤務として整理されており，労働基準法の規制の対象とならない。そこで，文部科学省はガイドラインを提示し，規制の対象とはならない勤務時間外の業務についても，「在校等時間」として勤務時間管理の対象であることを確認し，次のような上限の目安時間等を示している。

・1か月の在校等時間について，超過勤務45時間以内
・1年間の在校等時間について，超過勤務360時間以内
・児童生徒等に係る臨時的な特別の事情により勤務せざる得ない場合は，1か月の超過勤務100時間未満，1年間の超過勤務時間720時間内（連続する複数月の平均超過勤務80時間以内，かつ，超過勤務45時間超の月は年間6か月まで）

なお，ガイドラインは，在校等時間の把握については，タイムカード等により客観的に把握することが必要であることを指摘している。　　［佐々木 幸寿］

第9章

チームとしての学校

● **本章のねらい** ●

　学校教育は，言うまでもなく組織体として児童生徒に教育を営んでいる。しかし，長い間わが国の教員は，体制的にも感覚的にも，学習指導や生徒指導，部活動の指導，事務業務等，幅広い職務を個々の教員がそれぞれでこなすことが当然であり，個業の集合が学校組織であるという傾向が強かった。近年では，学校が抱えるさまざまな課題に対応するために，「チームとしての学校」という考え方およびそのための方策の重要性が叫ばれている。本章では，その背景や在り方，国が示す具体的な方策等を理解するとともに，その実現に伴う課題についても検討してみよう。

第1節　「チームとしての学校」が求められる背景

　「チームとしての学校の在り方と今後の改善方策について（答申）」（中央教育審議会 2015a）（以下，「チーム学校（答申）」）において示された「チームとしての学校」が求められる背景をまとめると，下記のようになる。

〇新しい時代に求められる資質・能力を育む教育課程を実現するための体制整備の必要性
　時代の変化に対応して，子供たちにさまざまな資質・能力を育むためには，「社会に開かれた教育課程」を実現しなければならない。その実現のためには，「アクティブ・ラーニング」の視点を踏まえた指導方法の不断の改善や「カリ

> キュラム・マネジメント」の推進に一体的に取り組む必要があり，それを可能にする組織体制の整備が求められている。
>
> ○**複雑化・多様化した課題を解決するための体制整備の必要性**
> 　いじめ・不登校などの生徒指導上の課題や特別支援教育の充実への対応など，学校の抱える課題が複雑化・多様化し，学校や教員だけでは十分に解決できない課題も増えている。子供の貧困の状況が先進国の中でも厳しいということも明らかになっており，それへの対応も求められている。これらの複雑化・多様化に伴い，心理や福祉等の専門性が求められている。
>
> ○**子供と向き合う時間の確保等のための体制整備の必要性**
> 　我が国の学校や教員は，欧米諸国の学校と比較すると，多くの役割を担っており，国際調査においても，我が国の教員は幅広い業務を担い，労働時間も長いという結果が出ている。時間的・精神的な余裕をもって子供と向き合う体制の整備が求められている。

　以上のような状況に対応していくために，「個々の教員が個別に教育活動に取り組むのではなく，校長のリーダーシップの下，学校のマネジメントを強化し，組織として教育活動に取り組む体制を創り上げるとともに，必要な指導体制を整備することが必要」であると示されている。

　とくに，学校が抱える課題とそれに伴う教員の多忙化は深刻である。

　生徒指導上の課題や特別支援教育の充実など，さまざまな課題は，都市化・過疎化の進行や家族形態の変容，価値観やライフスタイルの多様化，地域社会のつながりの希薄化なども要因となり，より複雑化・困難化してきている。不登校の子どもへの対応，通級による指導が必要な子どもへの対応も含め，心理や福祉など教育以外の高い専門性が求められるような事案も増えてきており，教員だけで対応することが質的にも量的にも難しくなってきている。さらに，保護者や地域住民の期待に応えるため，土曜日の教育活動への取組みや通学路の安全確保対策，感染症やアレルギー対策に加え，帰国・外国人児童生徒の増加や母語の多様化など，個々の子どもへのきめ細やかな指導も必要となっている。これらすべてに個々の教員で対応するなど到底不可能であることは想像に難くない。

　教員の多忙化については，文部科学省が2006年度に実施した教員勤務実態調査において，教諭の残業時間が1月当たり約42時間となっている。国

際的な比較でも，OECD 国際教員指導環境調査（TALIS）では，日本の教員の1週間当たりの勤務時間は参加国中で最長となっている。中学校が部活動の指導にかける時間が長いなど，業務内容の比率は学校種や学校の規模等によっても異なるが，どの校種も勤務時間が長く多忙であることは同様である。さらに，教職員構造も，教職員総数に占める教員以外のスタッフの割合は，日本が約18％であるのに対して，アメリカが約44％，イギリスが49％となっている。日本の教員が多くの業務を担わざるを得ない状況であることは明らかである（2014年11月21日　中央教育審議会初等中等教育分科会チーム学校作業部会　資料6）。

　日本の教員は，「なんでも屋」であると言われることがある。学習指導，生徒指導，部活動等，幅広い業務を担い，子どもたちの状況を総合的に把握して指導してきた。それが日本の教員の強みともいえるが，先述のとおり，個々の教員でできることのキャパシティをすでに超えている。それは教育効果が上がらないばかりか，教員自身の心身の健康をも脅かす状況になっている。教員と多様な専門性をもつ職員が一つのチームとして，それぞれの専門性を生かして連携・分担する「チームとしての学校」の体制を整備することによって，余裕をもって子どもと向き合い，教育活動を充実していくことが期待されているのである。

第2節　「チームとしての学校」の在り方

1.「チームとしての学校」とは

　「チーム学校（答申）」では，「チームとしての学校」像を以下のように示している。

> 　校長のリーダーシップの下，カリキュラム，日々の教育活動，学校の資源が一体的にマネジメントされ，教職員や学校内の多様な人材が，それぞれの専門性を生かして能力を発揮し，子供たちに必要な資質・能力を確実に身に付けさ

第Ⅱ部　教職を広げる

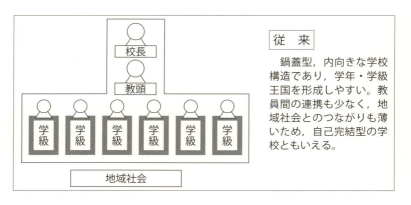

従　来

　鍋蓋型，内向きな学校構造であり，学年・学級王国を形成しやすい。教員間の連携も少なく，地域社会とのつながりも薄いため，自己完結型の学校ともいえる。

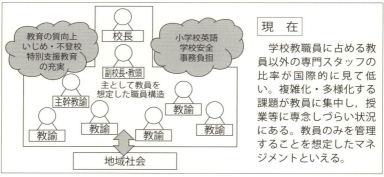

現　在

　学校教職員に占める教員以外の専門スタッフの比率が国際的に見て低い。複雑化・多様化する課題が教員に集中し，授業等に専念しづらい状況にある。教員のみを管理することを想定したマネジメントといえる。

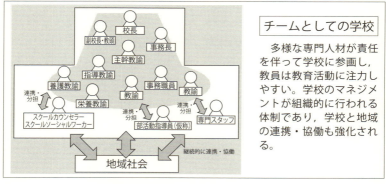

チームとしての学校

　多様な専門人材が責任を伴って学校に参画し，教員は教育活動に注力しやすい。学校のマネジメントが組織的に行われる体制であり，学校と地域の連携・協働も強化される。

図9.1　「チームとしての学校」像

（出所）中央教育審議会（2015：14）をもとに筆者作成

せることができる学校

これは、従来の学校や現在の学校の状況と比較すると、図9.1のような違いがあるととらえられる。

2.「チームとしての学校」を実現するための三つの視点
　では、そのような「チームとしての学校」を実現するためには、どのような施策が必要なのであろうか。「チーム学校（答申）」では、次の三つの視点に沿った施策を講じていくことが重要であるとしている。
① 専門性に基づくチーム体制の構築
　教員がそれぞれ独自の得意分野を生かし、さまざまな教育活動をチームとして担う。あわせて、心理や福祉等の専門スタッフを学校の教育活動の中に位置づけ、教員との間で連携・分担の在り方を整備するなど専門スタッフが専門性や経験を発揮できる環境を充実していく。
② 学校のマネジメント機能の強化
　多職種で組織される学校がチームとして機能するよう、管理職の処遇の改善など、優れた人材を確保するための取組みを国、教育委員会が一体となって推進する。校長がリーダーシップを発揮できる体制の整備や校内の分掌や委員会等の活動を調整して、学校の教育目標の下に全体を動かしていく機能の強化等を進める。また、主幹教諭の配置の促進やその活用を進めるとともに、事務職員の資質・能力の向上や事務体制の整備等の方策を講じ、事務機能を強化する。
③ 教職員一人一人が力を発揮できる環境の整備
　教職員一人一人が力を発揮し、さらに伸ばしていけるように、教育委員会や校長等は、学校の組織文化も含めて見直しを検討し、人材育成や業務改善等の取組みを進める。また、教育委員会は、教職員が安心して教育活動に専念できるよう、学校事故や訴訟への対応について、教職員を支援する体制を強化していくことが求められる。

第3節 「チームとしての学校」実現のための具体的方策

ここでは，第2節2.の三つの視点に沿って，具体的にどのような方策が必要と考えられるのかをみてみよう。

1. 専門性に基づくチーム体制の構築

まずは，チームとして業務を連携・分担し，教育効果を発揮する体制の構築である。これまでほとんどを教員が中心に携わってきた業務は，**表9.1**のように，四つに分類して役割分担を整理することができる。

表9.1 「チームとしての学校」による教職員等の役割分担

業務の分類	教員が行うことが期待されている本来的な業務	教員に加え，専門スタッフ，地域人材等が連携・分担することで，より効果を上げることができる業務	教員以外の職員が連携・分担することが効果的な業務	多様な経験を有する地域人材等が担う業務
主な担当	・教員	・スクールカウンセラー ・スクールソーシャルワーカー ・部活動指導員　など	・事務職員 ・学校司書 ・ICT支援員　など	・理科の実験支援員 ・学習サポーター　など
	※主に専念する業務はあるが，完全に分担するというのではなく，いずれも教員＋専門スタッフで連携・協働する体制をつくる			
具体的業務内容	【従来からの業務】 ・授業・学習指導 ・学級経営 ・生徒指導 ・学校行事 【新たな教育課題への対応として必要な業務】 ・通級指導など特別支援教育 ・小学校英語等の専科指導 ・いじめ対応等の強化 ・主体的・対話的で深い学びを実現する不断の授業改善	・子どもの心理的サポート ・家庭環境の福祉的ケア ・部活動指導	・学校運営事務 ・学校図書館業務 ・ICT活用支援業務	・指導補助業務（土曜日の活動支援等）

（出所）中央教育審議会（2015a：26）をもとに筆者作成。

第9章　チームとしての学校

　このように，教員以外に多様な専門スタッフを位置づけることが考えられるが，ここで，教員以外の専門スタッフとは具体的にどのようなものがあるのかを確認しておこう。

(1) 心理や福祉に関する専門スタッフ
① スクールカウンセラー
　心理の専門家として児童生徒等へのカウンセリングや困難・ストレスへの対処方法に資する教育プログラムの実施を行うとともに，児童生徒等への対応について教職員，保護者への専門的な助言や援助，カウンセリング能力等の向上を図る研修を行っている専門職。
② スクールソーシャルワーカー
　福祉の専門家として，問題を抱える児童生徒等が置かれた環境への働きかけや関係機関等とのネットワークの構築，連携・調整，学校内におけるチーム体制の構築・支援などの役割を果たす。

(2) 授業等において教員を支援する専門スタッフ
① ICT 支援員
　学校における教員のICT活用をサポートすることにより，授業等を教員がスムーズに行えるように支援する役割を果たす。
② 学校司書
　学校図書館の日常の運営・管理，教育活動の支援等を行っている職員。
③ 英語指導を行う外部人材と外国語指導助手 (ALT) 等
　教員とのティーム・ティーチングによるコミュニケーション活動や，教材作成支援など，授業等において，教員を支援する重要な役割を担う。
④ 補修など，学校における教育活動を充実させるためのサポートスタッフ
　補充学習や発展的な学習の実施のためのサポートスタッフ（退職教職員や学生等）。

(3) 部活動に関する専門スタッフ
① 部活動指導員
　「学校教育法施行規則の一部を改正する省令（平成29年文部科学省令第4号）」が2017年3月に公示され，同年4月1日より施行されたことによって制度化されたスタッフである。中学校，高等学校等において，校長の監督を受け，部活動の技術指導や大会への引率等を行うことを職務とする。

(4) 特別支援教育に関する専門スタッフ
① 医療的ケアを行う看護師等
　対象となる児童生徒に対して，医師の指示の下，学校生活における日常的な医療的ケアを実施するほか，当該児童生徒に関わる教職員への指導・助言，保護者からの相談への対応，主治医や放課後デーサービス等の連絡を担い，医療的ケアに関する校内体制を中心的役割を果たす。
② 特別支援教育指導員
　障害のある児童生徒等の日常生活上の介助，発達障害の児童生徒等に対する学習支援など，日常の授業等において，教員を支援する。
③ 言語聴覚士，作業療法士，理学療法士等の外部専門家
　障害のある児童生徒等に対し，医学・心理学等の視点による専門的な知識・技術を生かし，教員と協力して指導の改善を行うとともに，校内研修における専門的な指導者としての役割を担う。
④ 就学支援コーディネーター
　特別支援学校高等部および高等学校において，ハローワーク等と連携して，障がいのある生徒の就労先・就業体験先の開拓，就業体験時の巡回指導，卒業後のフォロー等を行う。

　このように，教員以外にもさまざまな専門スタッフがチームの一員として活躍することが望まれる。ただし，諸外国と比較した場合，わが国の教員はこれまで，幅広い業務を担うことで子どもたちの状況を総合的に把握して指導してきた。それが教育の効果につながっていると考えられることから，単なる業務の切り分けや代替を進めるものではなく，教員と専門スタッフがコ

ラボレーションし，よりよい成果を生み出すために行うものであることにも注意したい。

2. 学校のマネジメント機能の強化

　これだけの多様な専門性をもった職員を有機的に結びつけ，共通の目標に向かって動かすには，学校のマネジメント機能の強化が不可欠である。機能強化のために必要なことは何であろうか。

① 管理職のリーダーシップと適材確保

　校長は，チームを共通の目標に向かって動かす能力や学校内に協働の文化を作り出す能力などが求められる。副校長，教頭はこれを助け，教職員と専門スタッフ等の調整や人材育成等の業務に当たることが期待されている。いずれも，リーダーシップを発揮できる補佐体制や，副校長，教頭の業務の見直しなどにより，それぞれが力を発揮できる体制を整えることが重要である。また，管理職にそのようなことをなし得る適材を確保できなければ，組織力・教育力が低下することは確実であり，処遇改善や研修等の充実も不可欠といえる。

② ミドルリーダーの充実

　2007年度に制度化された主幹教諭は，学校を一つのチームとして機能させるため，全体をマネジメントする管理職と教職員，専門スタッフとの間に立って，「チームとしての学校」のビジョンを始めとした意識の共有を図る，いわばミドルリーダーとしての役割が期待される。校長は，学校のビジョンや課題を明確にし，その達成や課題解決のために，どのような組織体制で主幹教諭にどのような役割を担ってもらうのか，ということを明確にすることが大切である。

③ 事務体制の強化

　教員の勤務実態に関する各種調査の結果によると，教員がさまざまな事務業務を担っており，それが負担になっている実態が見られる。とくに教頭はその負担が非常に大きく，事務職員との連携・分担を進めなければ，チームの調整に向き合うことは困難である。事務職員の資質・能力の向上のための

研修や市町村における事務の共同実施などを円滑に進めるための整備も重要となる。

3. 教職員一人一人が力を発揮できる環境の整備

「チームとしての学校」を実現しようとする重要な目的の一つは，スタッフ全員が余裕をもってそれぞれの能力や持ち味を十分に発揮し，充実感を得ながら教育効果を上げることである。そのためにはどのようなことが必要であろうか。

(1) 人材育成の推進

人材育成の手立てとして，国は，人事評価制度の活用や，教職員表彰制度の活用を推進することを挙げている。教職員が意欲をもって，それぞれの専門性を生かし，自らの職務を果たすことができるようにするためには，一人一人の教職員の能力や業績を適正に評価し，適切に人事や処遇等に反映することが重要であるとしている。これは一定の効果が期待できる一方，注意も必要であろう。上司からの一方的な評価や，教育という営みを評価する基準のあいまいさ等が懸念される。表彰も含め，評価者と被評価者の両者が納得できる制度の構築には，今後も時間と努力，および研究を要するものと思われる。

(2) 業務環境の改善

まず考えなければならないのは，業務の範囲である。教員が業務としてどこまで担うかという範囲については，教育活動の性質上，線引きは難しい。しかし，現行の学校制度が整備された当時は想定されていなかった業務や役割が増大してきたことをふまえ，今後はすべての業務や役割を学校で担うという発想に立つのではなく，学校が必ずしも行う必要がない業務，他の機関と連携した方が効果的な業務などを整理することが必要である。

また，業務の進め方についても，必要に応じて専門スタッフや関係機関，地域と連携・協働すること，ICTなどの活用によって校務の情報化を推進

することなどの工夫により、負担はより軽減できる。

　そしてこれらに伴い、教員のメンタルヘルス対策の推進も不可欠である。2014年に労働安全衛生法が改正され、翌年12月より導入されたストレスチェック制度も各学校において実施されている。それだけでなく、校長をはじめ、教員や専門スタッフどうしで日常的に状況を把握し、精神的な負担が大きくならないように声をかけあう職場の雰囲気作りが大切になるだろう。

(3) 教育委員会等による学校への支援の充実

　学校は、それを管轄する自治体の教育委員会のサポートが不可欠である。教育長のリーダーシップによる「チームとしての学校」実現のための研修や人事管理の充実、そして、保護者や地域からの要望や相談への対応の支援も重要である。保護者や地域からの不当な要望等への対応など、学校の要請にこたえる体制を整えておく必要がある。弁護士等の専門家から支援を受けたり、専門的な知見を直接聞いたりすることができるような仕組みを教育委員会が構築するためには、国もその支援を行うことが必要であろう。

第4節　「チームとしての学校」実現への課題

　ここまで、「チームとしての学校」が求められる背景、それを実現するための具体的な方策を確認してきた。これはいわば、実現するための理想的な手順ということである。それでは、このような理想を実現するための課題は何であろうか。さまざまあると考えられるが、ここでは「連携・協働・分担」というキーワードから検討してみよう。

　まず、学校の目標や方針に対するスタッフ相互の認識にズレがある場合、そのことが教育効果を阻害することは容易に想像できる。そしてそのズレが解消されない場合、教員と保護者のチーム化を阻害する可能性もある。そうであれば、徹底した共通理解が必要となるが、規模の大きな学校ほどそのための話合い等に多くの時間を要する。また、連携・協働・分担は単なる業務

の切り分けや代替ではなく，教員と専門スタッフがコラボレーションし，よりよい成果を生み出すために行うものとされる。その理念を実現しようとすれば，協働の業務はもちろん，連携調整のための業務が増加する可能性が高い。これらにより，コストと効果の比率が合わず，多忙感や徒労感が増すおそれも考えられる。

さらに，学校は人事のシステム上，チームとしてのつながりを形成しづらい状況がある。毎年，人事異動で教員が少しずつ入れ替わり，再構成する組織であるため，チームとしての所属意識や連帯感が生まれにくい環境なのである。

「チームとしての学校」という連携・協働・分担を実現するためには，このようなスタッフ相互の関係や状況に対するさまざまな対応を視野に入れながら取り組みを進める必要がある。そう考えると，「チームとしての学校」は個業の集合としての組織よりも理想的ではあるが，その実現は容易ではない。多忙感や徒労感を生じさせるようなものではなく，多忙の解決にも資する連携・協働・分担を促進する必要があり，スタッフ一人一人がライフワークバランスの取れた生活ができる勤務環境を整えることが重要である。学校のすべてのスタッフが，児童生徒のため，そして自分たちのために「チームになる」という意識で同僚性を高められるかどうかが，実現の重要な鍵となるだろう。

［大村　龍太郎］

● 考えてみよう！

- ▶「チームとしての学校」実現のために，本章で示した以外にどのような課題が考えられるだろうか。
- ▶「チームとしての学校」実現に取り組んでいる学校の具体的な事例を調べ，その特徴をまとめてみよう。

● **引用・参考文献**

教育庁（2017）「東京都におけるチームとしての学校の在り方検討委員会報告書」2月23日

国立教育政策研究所（2014）『TALIS日本版報告書「2013年調査結果の要約」』明石書店

中央教育審議会（2015a）「チームとしての学校の在り方と今後の改善方策について（答申）」12月21日

中央教育審議会（2015b）「新しい時代の教育や地方創生の実現に向けた学校と地域の連携・協働の在り方と今後の推進方策について（答申）」12月21日

中央教育審議会（2015c）「これからの学校教育を担う教員の資質能力の向上について（答申）」12月21日

日本教育事務学会研究推進委員会（2018）『チーム学校の発展方策と地域ユニット化への戦略』学事出版

● COLUMN ●

▶ 「チームとしての学校」の阻害要因になりうる学級担任の信念

　2019年4月17日，文部科学大臣が中央教育審議会に「新しい時代の初等中等教育の在り方について」諮問した。その中の「新時代に対応した義務教育の在り方」の検討事項として，小学校への教科担任制の導入が挙げられている。これまでも一部の教科等では行われていたが，とくに高学年において本格的な導入やそのための体制づくりが検討されている。

　教科担任制が，教員それぞれの専門性や得意分野を生かして教育の効果を上げたり，教師の負担を軽減したりすることを意図しているものであるならば，「チームとしての学校」像にも一致することになる。

　小学校は，これまでほとんどの学校において学級担任制がとられ，一部を除きほとんどの教科等を一人の学級担任が指導する形態がとられてきた。そのことにより，学級担任が児童の実態を総合的に把握し，学習指導や生徒指導に生かしてきた。学級担任制の長所はそこにあるといえるが，その制度が教師の個業化を招いたことも事実である。

　総合的に学級を運営する学級担任は，教育活動の経験を積む中で，「理想の学級」や「教育方法」に対する信念が形成されていく。それは，勤務校や児童の実態，同僚との関係，自分なりの研究や学びなど，それぞれの教員ならではの文脈に依存する。そのため，一人一人の信念には少なからず相違が生じてくる。

　信念はそれぞれの教員の教育活動にとって重要なものであるが，「チームとしての学校」を作るうえでは，ときに阻害要因になりうることがある。「目指す児童像」「そのための教育方法」等に対する信念の相違によって，同じ方向を向いて連携・協働することにストレスを感じることがあるのである。「自分はこのやり方でやってきた」「自分はこのような姿を望ましいものとして学級を作ってきた」というこだわりを譲ることは，熱心に教育活動に取り組んできた教員ほど，難しいことであろう。

　教科担任制を含め，「チームとしての学校」は，個々の専門性を生かすことができる学校である。その実現を目指すことは，同時に，教員自身にこれまでに形成された信念や教育活動の見つめなおしを要求することにもなるだろう。

〔大村　龍太郎〕

第10章

多文化化する学校

―● 本章のねらい ●―

　現在の日本の学校には，多様な言語文化背景をもつ子どもたちが集まっている。学校はすでに国際化しているのである。これからの教員には，異なる言語文化背景をもつ子どもたちの集団を指導していくことや，言語文化が自分とは異なる保護者に対応することが求められる。本章では，比較的近年来日し，日本語を教授言語とする学校で学ぶ子どもたちの教育課題を中心に，言語文化背景の異なる子どもたちの状況および指導の現状について述べる。これらを通して多文化化する学校における教員の役割について考えてほしい。

第1節　言語文化背景の異なる子どもたち

1. 日本の学校で学ぶ言語文化背景の異なる子どもたち

　2016（平成28）年度の文部科学省の「学校基本調査」結果によれば，全国の公立小中高等学校・特別支援学校・中等教育学校に80,199人の日本国籍をもたない児童生徒が在籍している。この中には，日本生まれ日本育ちで日本社会しか知らないが日本国籍をもたない子どもも含まれている。一方で，日本人と外国人との国際結婚家庭の子どもや学校生活のほとんどを海外で過ごして帰国した日本人家庭の子どもたちは含まれない。日本語力からみると，日本語指導が必要な外国籍児童生徒[1]は34,335人，日本国籍の児童生徒は

9,612人である（文部科学省 2017a）。教室には国籍・最も自由に使える言語・最も身近な文化・家庭や家族のルーツの言語文化などさまざまな要素が複雑に絡み合った，多様な子どもたちが在籍している。本章では，子ども本人の日本語力や国籍だけでなく，家庭（保護者）が日本以外の言語文化背景をもつ子どもも含めて広くとらえるため日本語・日本文化以外の背景をもつ子どもたちを対象とし，彼らを「言語文化背景の異なる子ども」と呼ぶこととする。ただし，彼らへの教育に関しては広く使用されている「外国人児童生徒教育」という語を用いる。

　日本における言語文化背景の異なる子どもたちへの教育について，佐久間孝正（2006）は，学校教育の現場や関係者が日本の学校は日本人子女のためにあり，そこに通う子どもたちは日本語ができて当然だという前提をもっていたと指摘する。日本国内には，何世代にもわたり日本で生活をしている外国籍の住民がいるが，彼らは日本語に問題がなく日本的ふるまいにも慣れていたためこの前提がゆらぐことはなかったし，彼らのもつ言語文化への配慮の必要性が現場で検討されることもまれであった。1970年代以降，日本の学校に異文化を持ち込み，教員のもつ前提を覆したのは，むしろ，「日本人ではあるけれども英語のほうが得意で日本人のようにふるまわない」日本人の親をもつ帰国子女たちであった。

　1970年代半ば以降，中国残留邦人の帰国やインドシナ難民の受け入れなどに伴って日本語・日本文化に初めて触れる子どもたちが日本の学校に通うようになると，受け入れ校を中心に日本語を理解しない子どもたちへの指導のあり方が検討されはじめた。しかし「外国人児童生徒教育」が，教育現場で「課題」として表面化してきたのは，1990年代である。入国管理及び難民認定法（いわゆる「入管法」）が改正され，日系3世までに定住の在留資格が認められると，日系人が多く暮らす南米から日本で働くことを望む労働者がその家族とともに来日した（「ニューカマー」と呼ばれる）。彼らの多くは同じ地域に暮らし，同じ工場に通った。このため特定の学校に日本語が話せない子どもたちが集まるという状況が生じた。以降，日本語指導が必要な子どもの在籍数が30人以上，という学校は増加傾向にある。

第 10 章　多文化化する学校

表 10.1　日本語指導が必要な外国人児童生徒数

人数の多い都道府県		人数の少ない都道府県	
1	愛知県（7,277人）	1	高知県（12人）
2	神奈川県（3,947人）	2	岩手県（13人）
3	東京都（2,934人）	3	秋田県（20人）
4	静岡県（2,673人）	3	和歌山県（20人）
5	大阪府（2,275人）	5	佐賀県（24人）

（出所）文部科学省（2017a）より作成。

　一方で，日本語指導が必要な児童生徒が在籍する学校の75％は，在籍数が5人未満，全体の4割強は「校内に日本語指導が必要な子どもは1名」という状況となっており，日本語指導が必要な子どもたちの集住と分散の二極化が進んでいる。表10.1にみられるように，自治体により日本語指導が必要な子どもの人数が大きく異なる。さらに，同一県内でも外国人住民が多く暮らす地域とそうではない地域が存在する。このため外国人児童生徒教育は「一部地域の課題」ととらえられやすく，このことが国・都道府県・市区町村いずれのレベルでも行政面の対応を難しくしている。日本語指導が必要な子どもたちの言語背景を見ると，ポルトガル語・中国語・フィリピノ語・スペイン語の4言語で全体の3／4を越える。ただし，特定の言語の子どもが集まっている地域，多様な言語背景の子どもがいる地域など，その特徴は異なる。

2. 海外で教育を受けた日本の子どもたち

　日本の国際的活動の広がりとともに，海外で義務教育期間を過ごす日本人児童生徒の数も増加した。2018（平成30）年度には小学校段階で約6万1千人，中学校段階で約2万3千人が国外で暮らしている（文部科学省2019b）。

　これらの子どもたちは，滞在国の言語で教育を受ける「現地校」，主として英語で教育を受ける「インターナショナルスクール」，文部科学大臣の認可を受けた在外教育施設で，学習指導要領に基づき国内と同じ教科書を使用して授業が行われる「日本人学校」などに通っている。そのほかに，土曜日

など限られた時間に日本語で授業をする補習授業校や，日本語の保持を主な目的とする教室などの教育施設もある。

補習授業校は現地校やインターナショナルスクールに通学する子どもたちを対象に，土曜や放課後などの時間を利用して教科の一部（国語を中心とし，その他の教科を扱うところもある）の授業を日本語で行う教育施設である。全体として，アジアでは日本人学校に通う子どもが，北米では補習校に通う子どもが多いが，現地校を選択する家庭が増加している。2018年度，海外で暮らす学齢期の日本人のうち日本人学校や補習校に通っていない，日本語で授業を受けていない子どもは約4万3千人に上った（文部科学省2019b）。

海外に1年以上滞在し帰国する児童生徒数は毎年1万人以上である。海外帰国児童生徒の受け入れに関しては，特設の帰国生受け入れ学級を設置する，編入学に際して帰国子女枠を設けるなどの配慮が行われているところもある。なお，日本語指導の必要がある帰国児童生徒は2016年度には2千人ほどであった（文部科学省2017a）。

帰国児童生徒の多くは，日本の学校生活を経験した日本人の両親をもつ。しかし彼ら自身はそれまでの学校生活の大半を日本以外の学校文化の中で過ごしていることも少なくない。帰国生本人から「つらいのは休み時間。友だちの会話が理解できない。日本語ではなく，話題になっていること自体を知らないから」などの声を聞くことがある。多くの帰国生が語るのは，「海外にいたときは外見から『私はみんなと違う』と思った。帰国したら中身が『みんなと違う』と思った」ということである。彼らも言語文化背景の異なる子どもたちである。教員には目にみえやすい言語の力や行動だけでなく，彼らの葛藤を見取ることが求められている。

第2節　言語文化背景の異なる子どもたちへの指導体制

1. 国の外国人児童生徒教育に関わる施策

先述の通り外国人児童生徒教育のニーズは地域差が大きい。佐藤郡衛

(2010) は，そうした状況における施策について，国の対応は先行する現場や自治体に「突き動かされる形で」始まり，その中では日本語ができないことを「問題」ととらえそれを解決することに主眼が置かれたと述べている。以下，ニューカマーの子どもたちを想定した施策を中心に記述する。

　ニューカマーの子どもたちが急増した1991年から日本語指導が必要な外国人児童生徒数を把握するための調査（日本語指導が必要な児童生徒の受入状況等に関する調査）が開始された。以降，調査の内容等に多少変化はあるもののこうした子どもたちの全体像をつかむうえでの重要な資料となっている。1992年から初期日本語指導教材である『にほんごをまなぼう』の作成配布が始まる。その後，日常会話はできるが日本語での学習に課題が見られる子どもたちの存在が新たな「問題」として浮上すると，「日本語で学習に参加できる力の育成」を目指した『学校教育現場におけるJSL[2]カリキュラム』の開発に着手し，2003年に小学校編を，2007年に中学校編を発表した。さらに，2011年には『外国人児童生徒受入れの手引き』を，2013年には『外国人児童生徒教育研修マニュアル』『外国人児童生徒のための対話型アセスメント』を開発，公表した。またこれまで集住地域を中心に支援の現場で作成されてきたさまざまな資料を検索できるサイト「かすたねっと」を2011年に公開している[3]。

　2014年には，授業時間内に行われる日本語指導を「特別の教育課程」として編成できるようになった[4]。これは日本語指導が日本の公教育の中に正式に位置づけられたことを意味する大きな変化である。教育課程が組まれると，対象児童生徒の日本語学習の履歴が公的に記録されることになるが，国内での移動が多いこうした子どもたちの継続した日本語指導のためには非常に重要である。また，「特別の教育課程」は学校長の判断の下，教員が責任をもって指導計画等を立てることになっている。これを受けて，平成29年の学習指導要領の改訂では「日本語の習得に困難がある児童／生徒」への指導が明示され，通常の教科等を担当する教員にもこうした児童生徒の日本語の状況に応じた支援をすることが求められている（第1章総則第4の2（2））（文部科学省 2017bc）。このような子どもたちへの教育における教員の役割がさ

らに重要になったといえよう。

2. 言語文化背景の異なる子どもの受け入れ[5]

　言語文化背景の異なる子どもたちの受け入れを考える時，子どもに関わるすべての教員が念頭に置いておきたいことは，彼らは決して自ら望んで日本に来たのではないということである。来日にせよ，帰国にせよ，その判断は保護者が下しており，ほとんどの場合，子ども自身には決定権はない。子どもの意思に反して「連れてこられた」というのが実情である。皆さんの中で転校経験のある人はそれを思い出してみるとよいだろう。どんな学校なのか，友だちはできるのか，自分はうまくやっていけるのか，と不安があったはずである。彼らはそれと同時に「日本語がわからないのに……」という思いを抱えて来日する。教員には，まずこうした子どもたちが，新しい学校・学級で安心して過ごせるよう努力することが求められる。

　多くの現場で，編入時に子どもや保護者との面接が行われるが，これは指導に必要な情報を集める良い機会である。同時に，日本の学校について説明したり，保護者の思いを聞き取ったりできる機会でもある。保護者の日本語力によっては，教育委員会や地域の国際交流協会などを通して通訳を確保する必要がある。管理職，担任，日本語指導担当者などが同席し，子どもと保護者の不安をできる限り軽減できるよう温かい雰囲気で面接を行うようにしたい。来日年月日，アレルギーの有無といった基本情報のほかに，名前（学校でどう呼ばれたいか・ミドルネームはどうするか），学校からの連絡手段（日本語での電話連絡の可否・緊急連絡の方法），帰国予定（帰国予定か定住予定か・日本で高校に通わせたいという気持ちはあるか）などについて聞き取っておくことも大切である。

　日本人児童生徒への指導も学級担任の重要な役割である。一時的なお祭り騒ぎではなく，編入してくる子どもの不安な気持ちを理解し，彼らのもつ言語文化の価値を認められるような学級を作って子どもを迎えたい。

　言語文化背景の異なる子どもの受け入れや指導にあたっては，日本語指導担当者（教員，支援者），管理職はもちろん，小学校であれば専科の教員や同

学年の教員，中学校であれば各教科の担当者との間で情報の共有ができる体制を作り学校全体で連携する必要がある。日本語指導者にすべて委ねてしまったり，逆に学級担任が一人で責任を負わなければならないような状況は問題である。

3. 多様な日本語指導体制

多くの自治体で，日本語指導が必要な児童生徒が多数在籍する学校には担当教員が配置され，指導のための教室（名称はさまざまだが，本章では以下「日本語教室」と呼ぶことにする）が設置されている[6]。教育委員会等から日本語指導や母語による支援ができる支援者が派遣される自治体もある。前掲の文部科学省調査（文部科学省 2017a）では，支援者の派遣は最も多くの自治体で行っている支援のための支援であった。

日本語教室では，来日直後の子どもに対する生活上最低限必要な表現の指導から，日本語の読み書き，教科の補習なども行われる[7]。まだ十分に使えない日本語で生活せざるをえない子どもたちにとって，日本語教室は同じような悩みを抱える友だちと学んだり，母語で話すことができたりする大切な場所となっている。このような指導の多くは，授業時間内に別教室で行われるので「取り出し」「抽出」などと呼ばれる。週に何時間指導を受けるか，どの時間に取り出すかなどは学校の日本語指導体制によって大きく異なる。逆に，日本語担当教員や支援者の支援を受けながら通常のクラスで授業を受けることもある。これは「入り込み」と呼ばれる。また，自治体によってはある学校に日本語教室を設置し，域内の日本語指導が必要な子どもたちを集めて指導するシステムをもつところもある。ただし，教室への送迎が保護者の責任となっている地域では，保護者が多忙なので高学年になって一人で通えるまで日本語教室での指導が受けられないといった問題も聞かれる。

日本語指導が必要な子どもの数が少ない場合（先述の通り，全体のおよそ75％は1校に5人未満），日本語教室を専任で担当する教員を確保することがむずかしく，教育委員会等が派遣する支援者が巡回して指導に当たることも多い。こうした場合，「外国人児童生徒担当」の教員や管理職が，支援者と学

校や教員の窓口となっている。この他，NPO団体等が日本語支援や母語による支援を行っているところもある。地域にどのようなリソースがあり，どのような支援が受けられるのか，調べておくとよいだろう。

第3節　指導上の留意点——子どもたちのことばと文化

1. 日本の学校文化と子どもたちの家庭の文化

　あなたは，学校の校則に疑問を感じたことがあるだろうか。なぜ，学校にお菓子を持ってきてはいけないのか，なぜ上履きに履き替える必要があるのか，なぜ掃除をしなければならないのか……。これから教員になろうとするあなたは，その疑問にどう答えるだろう。

　学校には明文化されたもの，されていないものを含め，さまざまな決まりがある。日本の学校で育つといつしかそれらを「学校では当たり前のこと」と思うようになる。同様に，日本とは異なる文化・社会習慣の中で生活してきた子どもやその保護者にとっては，自分の知っている学校のあり方が「当たり前」である。習慣や考え方の違いが学校という場で表面化し，相手への不満となることがある。具体例をいくつか紹介する。

> ① 編入してきた外国人児童がピアスをしている。あの子がするなら，私もピアスをしたい。（日本人児童）
> ② 最近，体育祭の練習ばかりしていて授業がないから，学校は休むことにした。（外国人生徒）
> ③ 水泳指導が始まるが，女子児童の父親が「肌を露出する水着は認められない」といって許してくれない。（教員）
> ④ 中学生の息子は週末にいつも部活動だといって学校へ行く。「休め」というと「先輩や先生に怒られる」という。週末休むことの何がいけないのか理解できない。（保護者）

　①③は信仰や信条などとも関わる問題である。日本ではアクセサリーと考えられるピアスだが，「お守り」のような位置づけの文化もある。また，③

の例を含め，宗教上のルールと学校の方針が食い違う場合もある。このようなケースでは保護者から十分な聞き取りをして，担任だけでなく学校全体で話し合いをしていく必要がある。②④は学校教育で何を重視しているかに関わる問題である。学校行事が単なるレクリエーションではないことには丁寧な説明が，部活動については保護者や生徒本人を含めて一緒に考えていくことが求められる。また，③④のようなことは，日本滞在が長く日本の学校になじんだ児童生徒本人と母国の習慣や考えを保持する保護者との間で問題となるケースもある。

　言語文化背景の異なる児童生徒を日本の学校に受け入れるということは，それまで当然と考えていた日本の学校文化を相対化することである。見方考え方の違いがあることを前提として，相手の文化や習慣を尊重しつつ冷静に日本の学校のやり方を伝え，子どもにとって最もよい方法をともに選択していく必要があろう。同時に，日本人児童生徒や保護者に対しても日本人の目に「問題」と映ることの背景を説明することが大切である。そのためには，日本の学校の「当たり前」を再検討し，場合によってはルール自体を問い直す姿勢をもつことが求められる。問答無用で，「ここは日本の学校ですから」と日本のやり方を押しつけることは避けるべきであろう。

2.「ことば」をめぐる問題

　子どもは「語学の天才」といわれる。たしかに子どもたちは友だちとの会話を通してどんどん日本語を習得していく。本人に日本語を学習しようという意欲があり，日常的に日本語に触れられる状況にあれば会話は1～2年で同学年の日本語母語話者と同等の力を身につける。日常会話の特徴は，ジェスチャーや顔の表情，状況や相手と共有している情報などさまざまな「非言語情報」を使って，身近なことについて語るところにある。一方，学習場面では「非言語情報」は限られ，認知的にも負荷の高い活動に参加しなければならない。こうした場面で日本語が使えるようになるには，先と同じ環境にあっても5～7年，あるいはそれ以上かかるといわれている[8]。教員がこの「日常会話力」と「学習場面で使える日本語力」の習得にかかる時間差につ

いて理解していないと、第二言語である日本語で学んでいることに起因するつまずきを、能力や学力の不足と誤解しかねない。日常会話ができるようになってもかなり長期にわたって日本語面の支援が必要であることを理解し、そのニーズに応えられる授業作りをすることが望まれる。

　子どもが生まれて成長していく中で、自然に獲得した言語を母語と呼ぶ。子どもたちが自由に感情を表現できる母語は彼らにとって非常に重要なことばである。しかし、日本語環境で生活していると、日本語を習得していく一方で、彼らの母語は失われていく。幼い子どもほどそのスピードははやい。また、子どもは、自分の母語が社会の中で尊重されていないと感じると使わなくなり、結果として母語が使えなくなる。彼らの保護者の多くは大人になってから来日し、子どもたちのような日本語力を身につけることが困難であるため、子どもが母語を失うことは家庭内のコミュニケーションツールを失うことにもなる。日本の学校教育の中で彼らの母語を育てることは非常に困難なのが現実だが、子どもたちの母語の社会的価値を高めること、具体的には、子どもが複数の言語文化をもっていることのすばらしさを、本人にも、日本人児童生徒にも伝えていくことは教員にできる母語母文化保持の支援である。子どもたちのもつ日本とは異なる言語文化は、これからの社会にとって重要なリソースである。複数の言語文化をもつ子どもたちと学ぶことで、日本の子どもたちにも他の文化に対する敬意や文化の違いに由来する困難を乗り越えていく力と方法を身につけていってほしいものである。

第4節　まとめに代えて──教員の役割

　子どもたちには学ぶ権利がある。大人には子どもたちの学ぶ権利を守る義務がある。国を移動しても、異なる言語で教育を受ける必要が生じても、子どもの権利に変わりはないはずである。教員の役割は、学校という場でこの権利を守っていくことだと考える。

　社会のグローバル化とともに、日本の学校で学ぶ多様な言語文化背景をも

つ子どもはますます増加していくだろう。どのクラスにも言語文化背景の異なる子どもがいる，または編入してくる可能性があり，すべての教員にこうした子どもたちを担当する可能性がある。言語や文化に関わらず，教室のすべての子どもたちが将来の社会の担い手となれるよう育てていくことがこれからの教員には求められている。

[菅原　雅枝]

● 考えてみよう！

- ▶ 日本以外の文化で育った人は，日本の学校のどのようなところに違和感をもつか，考えてみよう。また，周囲の海外の学校生活を知っている人に聞いてみよう。
- ▶ あなたの暮らす地域に日本語が話せない子どもが転入して来たらどのような支援が受けられるだろうか。地域の支援内容とそのシステムを調べてみよう。

● 注

1）「日本語指導が必要」の判断基準は示されておらず，学校の判断に任されている。
2）Japanese as a second language（第二言語としての日本語）の略。第二言語とは母語ではないが生活に必要な言語をいう。
3）『JSL カリキュラム』『受入れの手引き』『研修マニュアル』『対話型アセスメント』は文部科学省初等中等局国際教育課のホームページで公開されている。
　 http://www.mext.go.jp/a_menu/shotou/clarinet/main7_a2.htm（2019 年 9 月 1 日閲覧）
4）現在は，小・中学校段階のみ。
5）受け入れについては文部科学省『外国人児童生徒受入れの手引き』（文部科学省 2019a）第 2 章，第 4 章がくわしい。
6）加配の要件，担当教員の役割は自治体によって異なる。
7）日本語指導担当教員の役割や日本語教室での指導については『外国人児童生徒受入れの手引き』（文部科学省 2019a）の「第 3 章　日本語指導担当教員の役割」，『外国人児童生徒支援ガイドブック』等の参考となる資料がある。
8）詳しくはカミンズ（2011）他参照。

● 引用・参考文献

カミンズ，J. 著，中島和子訳（2011）『言語マイノリティを支える教育』慶應義塾大学出版会

齋藤ひろみ（2011）『外国人児童生徒のための支援ガイドブック―子どもたちのライフコースによりそって』凡人社

佐久間孝正（2006）『外国人の子どもの不就学』勁草書房

佐藤郡衛（2010）『異文化間教育―文化間移動と子どもの教育』明石書店

文部科学省（2017a）「日本語指導が必要な児童生徒の受入状況等に関する調査（平成28年度）について」http://www.mext.go.jp/b_menu/houdou/29/06/__icsFiles/afieldfile/2017/06/21/1386753.pdf（2019年9月1日閲覧）

文部科学省（2017b）「小学校学習指導要領（平成29年告示）」

文部科学省（2017c）「中学校学習指導要領（平成29年告示）」

文部科学省（2019a）『外国人児童生徒受入れの手引き（改訂版）』http://www.mext.go.jp/a_menu/shotou/clarinet/002/1304668.htm（2019年9月1日閲覧）

文部科学省（2019b）「文部科学統計要覧（平成31年度版）」http://www.mext.go.jp/b_menu/toukei/002/002b/1417059.htm（2019年9月1日閲覧）

● COLUMN ●

▶ ネットワークを作って支援を

　日本語で授業が行われ，日本の文化習慣に沿った行動が求められる学校で，言語文化背景の異なる子どもたちはさまざまな困難に直面する。子どもたちが，日本の学校で安心して学べるように支援するのは教員の重要な役割である。

　しかし子どもたちは多様であり，その思いや置かれた状況も複雑である。日本語教室が心のよりどころとなる子どももいれば，友だちと違うことをさせられることに抵抗を示す子どももいる。日本語が十分に話せないという「問題」は教員の目にも見えやすいが，二つの文化の間で自分の位置が見いだせないといった見えにくい課題を抱える子どももいる。「日本語教室では明るく元気なのに教室では笑顔を見せたこともない」「中学ではおとなしくて目立たない生徒だが，ほかの子どもたちが『小学校の時はおしゃべりでいつも先生に怒られていた』といっていた」といった事例はよく聞かれる。子どもたちが見せる姿は場により，相手により異なっている。だからこそ，子どもを多くの人の目で見守り，その様子を共有していく必要がある。それぞれに得た情報を集めていくことで，子どもの姿の全体像が見えてくる。そのためには，子どもたちに関わる教員，支援者や保護者などが，長期的な視点をもって子どもの成長のために連携し，支援のネットワークを広げていくことが必要である。

　ネットワークがあることで，自分の知らない情報，不得意な分野をカバーすることができる。子どもたちの言語文化背景の多様性や生活・言語・学習上のニーズを考えるとき，指導に当たる教員に必要な情報は多岐にわたる。「担任なのだから，私一人で何とかしなければ」と考える必要はない。大切なのは，情報を生かすことである。積極的にほかの教員や学外の支援者に情報を求め，彼らにSOSを送ることを躊躇しないでほしい。

　言語文化背景の異なる子どもや保護者との出会いは，彼らを支えるネットワークの広がりとともに，あなた自身の視野をグローバルなものにしていくだろう。それは必ず，教員としての成長につながるはずである。　［菅原　雅枝］

第Ⅱ部　教職を広げる

第11章

未来志向の学校づくり
―組織と経営という視点―

● 本章のねらい ●

　現代の学校は，さまざまな課題を抱えているが，未来志向で学校をつくっていくにはどのような視点が必要だろうか。日本の学校は，1872（明治5）年の学制公布で誕生し，150年弱の歴史をもつが，はたして，これからも学校は存在し続け，社会的意義や社会の希望を紡ぐものとなり得るだろうか。本章では，組織や経営の視点からこれらを考えてみよう。

第1節　学校は必要か？

1．制度としての学校

　今では，学校という制度は当たり前のように受け止められているが，学校に行かない／行けない子どももいるし，最近まで学校教育が行われていなかった国も多々ある。「学校は本当に必要だろうか？」この問いに誠実に答えようとすればするほど，自らの学校に対する考えが，実体験による限られた知識・理解に基づき，時には独善的なものであることにも気づくだろう（末松編著　2016）。

　近代教育への批判として有名な議論に，脱学校論があるが，イヴァン・イリッチ（Ivan Illich）は社会自体が学校化していることを問題にするとともに（イリッチ　1977），その他，上野千鶴子は「知識はあるが知恵は無い」ような人

間が学校で育ってしまうことを，学校化や学校知の問題性として指摘している（上野 2002）。また，学校が教育機能だけでなく，成長にとっての弊害や権力性をもつことをはじめ，〈教える－学ぶ〉の非等価性や非対称性が論じられてきた（フレイレ 2011）。

以上は，「制度としての学校」が歴史的に定着する中で，制度疲労を起こしている側面があり，学校制度とは異なる教育のあり方が模索されてきたことを表している。

2. 現代学校の課題と可能性

それでは，このように課題を多く抱える状況を受けて，「学校は必要ない」といい切ることはできるだろうか。

子育てや教育問題は，本来は公的に議論・解決されるべきものであるが，現代の「個人化」された社会においては，すべての責任が個人に帰せられたり，その結果，地域，行政をはじめ公共的な課題にならなかったりする。そして，そのような状態が仮に続くと，さらなる社会不満を生み出す契機にもなりかねない（バウマン 2002: 4-5）。個人の認識やコミュニケーションを成立させる社会制度が変化すると，成長には結びつかない個人の「体験」が氾濫するばかりで，社会から「経験」を喪失させ，同時に，「自由」を喪失させるとして政治学の領域では検討が行われてきた（宇野 2013: 63-66）。さらに，それらの課題状況をいかに克服して，「〈私〉時代のデモクラシー」をつくっていけるかということも問われ始めている（宇野 2010；2013）。

現代の社会環境やそれに伴う人間の思考・認識，コミュニケーションの変化をこのようにとらえた場合，従来の脱学校論のような議論では論じきれない問題・課題状況が生じているのではないだろうか。

さらに，人口減少・高齢化社会のなかで，福祉国家の再編が進む状況では，学校や教育の可能性を教員の専門性や実践性に訴えるだけでは，あまりに議論としてはナイーブである。「自由管理教育」（柳沼 2010）というような，説明が容易でない教育が作動しているだけでなく，学校－家庭－企業の戦後日本型モデルも崩壊していることから（小玉 2003），学校の努力や教師の取り

組みによって，教育問題がことごとく解決するというような安易な言説には警戒が必要である。"学校や教師が何でも解決できる"という「学校（教師）万能主義」のように学校を脱文脈化するだけでは，問題解決を遅らせるばかりでなく，問題の原因に加担することにもなる。また，小玉重夫が指摘しているように，教育の結果責任が各学校や教師のパフォーマンスに帰せられ，却って学校の自由を奪うことにもなる（小玉 2013: 141）。

苫野一徳は「今やわざわざ学校という閉鎖的な場所に行かなくても，インターネットを通した自学学習が可能になっている」ことから，「今のような学校であるべきか」を考えることが現実味のある問いになってきていると指摘したうえで，彼は「自由の相互承認」の感度を育むための場としての学校の可能性を主張している（苫野 2013: 191-195）。

以上を踏まえると，制度としての学校を絶対視するのではなく批判しつつも，その批判に安穏とするのではなく，それと同時に，教育の場としての可能性を積極的に考える姿勢が現代では求められているといえよう。脱学校論という従来の近代教育批判を超えて，フリースクールのようにオルタナティブに制度を脱構築的に論じるのではなく，メインストリームにおけるオルタナティブな思考をどのように築いていけるだろうか。学校という制度，学校という場所のもつ可能性をいかに紡いでいけるかが問われているといえる。

第2節　学校の社会環境の変動

1. 学校の「マネジメント化」

学習塾や教育産業の台頭に加えて，インターネットの登場によって，子どもが学校に来る意味が問われているだけでなく，株式会社立学校（株式会社が設立し運営する学校のことで，構造改革特別区域法により制度化され，2004（平成16）年に2校が設立）の誕生やオルタナティブ・スクールの成功などからも，学校の存在意義が問われてきた。また，教員への社会人登用，民間出身校長の登用という規制緩和や，年齢構成のいびつさ，教員の抱える悩みの性質の

変化など（朝日新聞教育チーム 2011），学校内外の環境変化により，学校や教師のもつ専門性や社会的意義を容易に想定できなくなってきた。

篠原清昭は，戦後の学校をめぐる社会環境として，安定→変化→急変→激動，と変化し，それに伴い学校も，民主化→効率化→ガバメント化→マネジメント化，と変わってきたと指摘している（篠原 2012: 5）。学校は，外発的にも内発的にも改善が促されるが，近年の「マネジメント化」とは外的基準により学校改革が進むだけでなく，「学校経営」のあり方に対して，政策等の圧力が強くなっていることを表している。教師や学校の努力によって，内発的に「経営」が担保されるとは限らず，外発−内発という本来矛盾するものの影響を同時に受けながらイデオロギーとして「経営」が争点になることを意味している。

イデオロギーとして"手垢のついた「学校経営」"が進展している状況の中では，学校内外の環境変動を読み解き，また，それらに従順に応じるだけでなく，一方でそれらの環境を改変しながら，他方で，外部環境が求めるような要求と対立するのではなく折り合いもつけていくことが求められる。後述するように，そういう意味でのプラグマティックな「リーダーシップ」が求められるといえよう。

2. 教育意思の三角形の変化──学校管理から学校経営の時代へ

もともと教育や子育ては，①国家意思，②私的意思，③専門的意思のせめぎ合いで，時代によって誰がその組織化に最も大きな決定権をもつかが変わる。さまざまな利害が競合し，たとえば，①国は有用な人材の育成や国力の強化，②保護者はわが子の成長，③教師はそれぞれの専門的知見からの教育的判断を主張する。

戦前は明らかに，①国家意思が最も強力であったが，現代がどうかというと，1998（平成10）年学習指導要領から登場した「生きる力」を例に考えてみよう。

「生きる力」は文部科学省によって "Zest for Living" と英訳されているが，イギリス等で「日本の小学校では "Zest for Living" の育成を重視しています」

図 11.1 教育意思の三角形の変化

(出所) 末松 (2012: 102)。

と言うと怪訝（けげん）な顔をされる。それは "Zest for Living" がよく生命保険の広告などに使われる英語表現であるためである。裏返すと，文科省でさえ，現代は学力観を定義できないことを意味している。社会がある程度成熟し，国家が目指すべき教育像をなかなかうまく描ききれないということは，教育意思の三角形のバランスも崩れていることを表している（末松 2012）。

近年の"モンスターペアレント"と呼ばれる問題も，単に保護者がモンスター化したのではなく，国家意思が後退したことに伴って教育意思の三角形のバランスが崩れ，学校と保護者の意思の衝突がより直接的に頻繁に起きやすくなったととらえられる（**図 11.1**）。

学力観が混迷し，教育意思をめぐる議論が活発になることは，学校にとっては必ずしも悪い状況とはいえない。ようやくここにきて，〈教育の組織化〉に関する意思決定の責任を学校が負える時代環境になったともいえる。

表 11.1 近年の学校の自主性・自律性をめぐる動向

1997年9月	橋本龍太郎首相（当時）所信表明演説：「学校に責任と権限を持たせてまいります」
1998年9月	中央教育審議会答申：「学校の自主性・自律性の確立」
1999年4月	文部省：「各学校が創意工夫を生かして特色ある教育，特色ある学校づくりを進めます」
2000年9月	教育改革国民会議中間報告：「学校に組織マネジメントの発想を導入し，校長が独自性とリーダーシップを発揮できるようにする」
2002年6月	文部科学省：「学校組織マネジメント研修」推進
2008年1月	中央教育審議会答申：「教育課程における PDCA サイクルの確立」

表11.1の通り学校の自主性・自律性をめぐって議論がなされてきたほか，学校関係者にも「組織」「経営」「マネジメント」「評価」「PDCA」などが少しずつ使用され始めるようになってきた。ただし，学校の自主性・自律性の確立とは，他校と違う特色を打ち出すだけではなく〈教育の組織化〉をめぐる意思決定の責任を学校が引き取ることを意味する。そのため，組織としての学校，経営の主体としての学校・教師の存在が必要である。

上からの指示や規則のみに従って動くコンビニ型の学校から，自らビジョン・理念と戦略をもった自営業としての学校への転換である。この文脈において，複雑化した〈教育の組織化〉の意思決定過程における主導権の獲得や主体性の育成が学校に欠かせないといえよう。つまり，「学校が管理される時代」から，「学校を経営する時代」に移行したのである（この点，"学校管理職"という言葉が至る所でいまだ意識・無意識に使われていることは，時代の過渡期であることを表している）。

第3節　組織としての学校の変化

1. 学校の年齢構成の変化

たとえば，大阪府の場合，1999（平成11）年度に100名程度であった新規採用教員が，2003（平成15）年度に1,000名を超え，2007（平成19）年度には2,000名を超えるなど，1947（昭和22）年〜1949（昭和24）年生まれの団塊世代の大量退職と新規教員の大量採用に加えて，30〜40歳代の教員層の空洞化が進み，教員構成の4〜5割が50歳代となるなど，極端な中堅教員不足と年齢構成のいびつさが問題となっている（小島　2012: 14）。

2011（平成23）年1月31日の中央教育審議会・教員の資質能力向上特別部会「教職生活の全体を通じた教員の資質能力の総合的な向上方策について（審議経過報告）」では，今後10年で教員全体の約3分の1，20万名弱の教員が退職し，経験の浅い新人教員が大量に誕生する一方で，中堅層が手薄になることへの懸念が**表11.2**のように示されている。

第Ⅱ部　教職を広げる

表11.2　学校の年齢構成の変化と課題

- 今後10年間に，教員全体の約3分の1，20万人弱の教員が退職し，経験の浅い教員が大量に誕生することが懸念されている。これまで，我が国において，教員の資質能力の向上は，養成段階よりも，採用後，現場における実践の中で，先輩教員から新人教員へと知識・技能が伝承されることにより行われる側面が強かったが，今後は更にその伝承が困難となることが予想される。
- さらに，今後，大量の新人教員と少数の中堅教員からなる教員集団をまとめていくために（略）これまで以上に組織的で計画的な教育活動，学校経営が不可欠であり，校長のリーダーシップとマネジメント能力がこれまで以上に求められる。また，多くの管理職が，教員と同様，今後10年の間に大量に退職することとなる。
- このような状況に何らかの手を打たないと，大量の経験不足の教員と少数の多忙な中堅教員，新しい時代の学校運営に対応できない管理職により運営される学校が全国各地に生まれるといった状況にもなりかねないが，他方，教員全体数の約3分の1が入れ替わるこの10年は，学校教育をよりよい方向に変えていく絶好の機会ともいえる。

（出所）中央教育審議会・教員の資質能力向上特別部会（2011）。

2．学校と家庭・地域の関係の変化

　2000（平成12）年1月の学校教育法施行規則の改正により，地域住民の学校運営への参画の仕組みを制度的に位置づけるものとして学校評議員制度が導入され，同年4月から実施された。また，2004（平成16）年6月に地方教育行政の組織及び運営に関する法律が一部改正され，同年9月に，保護者や地域住民の意見を学校運営に反映する学校運営協議会が設置可能となった。

　文部科学省大臣官房総務課広報室（2012）は「これからの学校の姿――コミュニティ・スクール！」という特集において，**表11.3**の通りその制度を説明している。そして，「学校のことは学校自身が，保護者や地域住民の意向を踏まえ決定することを原則として，地域の力を学校運営に生かす『地域とともにある学校づくり』を推進するため，文部科学省ではコミュニティ・スクール（保護者や地域住民が学校運営に参画する『学校運営協議会』を設置している学校）の拡大を目指しています」と述べたうえで，「これにより質の高い学校教育の実現と地域の教育力の向上を図ります」として，2016（平成28）年度までの5年間で，全公立小中学校の1割（約3,000校）に拡大することを推進目標とした（文部科学省大臣官房総務課広報室　2012: 16）。

　2013（平成25）年の文部科学省のパンフレットによると，同年4月時点で，

第 11 章　未来志向の学校づくり

表 11.3　コミュニティ・スクールとは？

①どんな仕組み？
　コミュニティ・スクールに指定された学校には「学校運営協議会」が設置され，教育委員会から任命された保護者や地域住民などが，一定の権限と責任をもって，学校運営に参画します。

《学校運営協議会の主な役割》
　○校長の作成する学校運営の基本方針を承認します。
　○学校運営について，教育委員会又は校長に意見を述べられます。
　○教職員の任用に関して，教育委員会に意見を述べられます。

②他の学校とどう違うの？
　学校運営にあたって，保護者や地域の皆さんの参画が仕組みとして保障されていることが他の学校との違いです。学校と地域が力を合わせることによって，互いに信頼し合い，それぞれの立場で主体的に地域の子どもたちの成長を支えていく，そんな学校づくり，地域コミュニティづくりを進めていくことが，コミュニティ・スクールの一番のねらいです。

③どんな成果が上がっているの？
　コミュニティ・スクールの指定校では，地域との情報共有や学校に対する理解の深化など，地域と学校との信頼関係のもと，学校運営の改善が進んでいます。

(出所) 文部科学省大臣官房総務課広報室 (2012: 16)。

表 11.4　コミュニティ・スクールの成果と課題

成果	・地域全体で子どもを守り育てようとする意識が高まり，多くの保護者や地域の皆さんが先生役や見守り役として学校に協力する姿が見られるようになってきました。 ・保護者の「学校への苦情」が「意見や提案，相談，協力」へと変化してきました。 ・児童生徒の学習意欲が向上してきました。 ・地域のお祭りづくりなどに参加する子どもが増え，地域が活性化してきました。
課題	・一方で，学校運営協議会の協議の形骸化や地域住民の参画の偏り，継続的な取組を進めるための支援の不足などの課題も見られています。

(出所) 文部科学省 (2013: 2)。

1,570 校 (42 都道府県，153 市区町村，幼稚園 62 園，小学校 1,028 校，中学校 463 校，高等学校 9 校，特別支援学校 8 校) がコミュニティ・スクールの指定を受けている。同パンフレットは，「学校が抱えるさまざまな課題を解決するために，地域と連携した学校づくりに積極的に取り組むことで，たとえば次の

ような成果をあげています」(文部科学省 2013: 2)として，**表11.4**の点を成果と課題として指摘している。その後，2018年4月時点で，コミュニティ・スクールの数は5,432校となっておりさらに増加している。

3.「チームとしての学校」

　第9章で詳しくみたように，中央教育審議会は，2015年12月21日に「チームとしての学校の在り方と今後の改善方策について」を答申した(中央教育審議会 2015)。同答申によると，学校において子どもが成長していくうえで，教員に加えて，多様な価値観や経験をもった大人と接したり，議論したりすることで，より厚みのある経験を積むことができ，本当の意味での「生きる力」を定着させることにつながる，として，そのために，「チームとしての学校」が求められると指摘している。

　そのうえで，「チームとしての学校」を実現するために，下記の三つの視点に沿って施策を講じていくことが重要であるとのべている。

---

① 専門性に基づくチーム体制の構築：教員が，学校や子供たちの実態を踏まえ，学習指導や生徒指導等に取り組むことができるよう，指導体制の充実が必要である。加えて，心理や福祉等の専門スタッフについて，学校の職員として，職務内容等を明確化し，質の確保と配置の充実を進めるべきである。

② 学校のマネジメント機能の強化：専門性に基づく「チームとしての学校」が機能するためには，校長のリーダーシップが重要であり，学校のマネジメント機能を今まで以上に強化していくことが求められる。そのためには，優秀な管理職を確保する取組を進めるとともに，主幹教諭の配置の促進や事務機能の強化など校長のマネジメント体制を支える仕組みの充実を図ることが求められる。

③ 教職員一人一人が力を発揮できる環境の整備：教職員がそれぞれの力を発揮し，伸ばしていくことができるようにするためには，人材育成の充実や業務改善の取組を進めることが重要である。

(中央教育審議会 2015: 15-18)

第4節　リーダーシップを担う教師

1. "経営は生きた総合芸術"

　以上のような現代の学校環境の変化を踏まえた場合，教職の専門性をどのように考えていけるだろうか。

　学校が「激動の時代」にある中では，あらゆる変化・要求に対して，「いち教師としての頑張り」もしくは「組織・チームとしての技術的，実務的な対応」を行っていくだけでは十分とはいえないだろう。

　現代では学校が課題とすべきことを，国が作ってくれた時代も終わり，社会的に共通基盤とできる理念・前提もない。唯一変わらないものといえば，「変化の速さ」だけである。国が目指すべき方向性や理念を掲げ，それを目標に法規・制度のみに基づいて学校を運営する「学校管理」の発想では解決できない課題が増えてきた。現場主義の発想が必要であり，各学校が自ら目指すべき教育の方向性を検討し，定めていくことが求められる。それゆえ，学校は自らのビジョンを，その都度，作り出さないといけない。また，よりミクロな視点で見ても，対保護者関係の複雑化や若い教師の育成など，従来よりも解決が困難で，時間を要する課題が山積している。情況批判だけをしている時代は終わった。また，自主性・自律性が求められるからといって，むやみにハウツーや外的なツールを頼りに，実践だけをしても，環境が複雑なだけに限りなく生産性がなくなる。それら二つとも，経営とはかけ離れたものだ。状況をむずかしくする困難さの認識と，そこから教育の可能性を考え，実践するというのが，今の時代の学校経営のあり方である。

　学校現場にこそ，複雑化する教育問題の解決の知があるとの発想は重要である（ただし，先に述べたように学校は万能ではない）。教育課題が複雑化するとは，学校が認識する課題や解決方法の組み合わせが日々，変化し，流動的になることを意味する。そのため多少無理にでも実践を作らなければならない分，きつさが伴うが，それだけ経営が必要とされ可能性に満ちている。

　職務遂行をこなす「マネジメント（管理技術）」に長けた者は，これからの

時代，重宝はされるだろうが，使い捨てされる可能性も高い。組織や社会がうまく回るためには，そういう機能も欠かせないが，あくまで，プロセスの一部であるし，個人にとっては，キャリアの一過程に過ぎない。

「経営は生きた総合芸術である」(松下 2001: 143) と表現されるように常にプラグマティックに考え，行動することが求められる。また，天笠茂が「マネジメント力の基盤となり柱となるのは，一つは，組織を成功に導くマネジメント全体にかかわる構想力であり，もう一つは，問い（課題）をつくり出す力なのである。これらを鍛えずして，経営技術の習熟に走ることは，結果として，マネジメント力の育成をめぐって，木を見て森を見ずということにもなりかねない。／このうち，自ら問い（課題）をつくり出す力こそ，スクールリーダーにとっても最も備えなければならないマネジメント力ということになる。P. F. ドラッカーも「戦略的な意思決定においては，重要かつ複雑な仕事は，正しい答えを見つけることではない。それは正しい問いを探すことである」と述べている」(天笠 2006: 366-367) と指摘しているように，これからの教師には組織や社会への「問い」とそれらを現実的に解決していくための経営「理念」が必要になる。

2. スクールリーダーシップという視点

2008（平成20）年にOECDは，「スクールリーダーシップ (school leadership)」について，一人の個人が組織全体に主たる責任を負う「校長職というあり方 (principalship)」とは異なるとして，組織経営の権限を一人にとどめるのではなく，学校内外のさまざまな者に分散されるとするより広い概念であるとして次のように定義している。「*校長職というあり方* (*principalship*) の概念は，一人の個人が組織全体に対する主たる責任を負う学校教育の産業モデル (industrial model of schooling) に根差している。*リーダーシップ* (*leadership*) は，組織を導く権限が一人の個人にのみ存在するのではなく，学校内外のさまざまな人に分有されうるとする，より広い*概念である*」(Pont et al. 2008: 18＝2009: 27 一部改訳，斜体原文ママ)。また，OECDは，"マネジャーは物事を正しく行い，リーダーは正しいことを行う (managers do things right, while leaders do the right thing)"という表現を例に挙げ,「マネジメント」が現状維持を志向するのに対して,「リーダーシップ」は意図的な影響プロセスによって,他者の動機づけや態度を生み出し,組織を導くダイナミックなものであることを確認している。そして,「リーダーシップ」が改善に向けたより高次の役割であるのに対して,「マネジメント」は日々の業務の維持,「アドミニストレーション」はより低次の職務を表していると言及し,「学校の成功には,効果的なリーダーシップ,マネジメント,アドミニストレーションが必要である」(Pont et al. 2008: 18 = 2009: 27 一部改訳)と述べている。

また,中原淳は,企業経営学において,マネジャーの仕事とリーダーの仕事を二分法でとらえる認識が広がっているが,厳密にこの二つを分けて考えることはできないと指摘したうえで,「プレイヤー」が「マネジャー」もしくは「リーダー」になるには,ある程度の飛躍が必要で,「大きな転機」として「生まれ変わり」が必要であると主張している(中原 2014)。

この点,スクールリーダーシップ研究の第一人者のトニー・ブッシュ(Tony Bush)が,①リーダーシップは校長に限定されたものではなく広く分散されるべきであること,②キャリアの各段階においてリーダーシップ開発が必要であること,③幅広い学習方法の活用,④個人でなくリーダーシップ・チームのための開発プログラムの必要性,を指摘しており参考になる(Bush 2005)。

従来,大学では「プレイヤー」としての教員の養成に比重が置かれてきたが,これからの学校の成否には,スクールリーダーシップという視野をどのように組み込み,構想していくかが問われているといえるだろう。そして,学校や教師を絶対視せずに,制度・組織としての学校を相対化しつつも,また,内外の環境をやりくりしながら,教育の課題と可能性を考え,行動していくことが必要になるだろう。

［末松　裕基］

第Ⅱ部　教職を広げる

● 考えてみよう！
▶ 制度としての学校の現代的課題と意義を考えてみよう。
▶ 学校の社会環境の変化の特徴を考えてみよう。
▶ 「経営」の視点から教職の専門性を考えてみよう。

● 引用・参考文献
朝日新聞教育チーム（2011）『いま，先生は』岩波書店
天笠茂（2006）『学校経営の戦略と手法』ぎょうせい
イリッチ，I. 著，東洋・小澤周三訳（1977）『脱学校の社会』東京創元社
上野千鶴子（2002）『サヨナラ，学校化社会』太郎次郎社
宇野重規（2010）『〈私〉時代のデモクラシー』岩波書店
宇野重規（2013）『民主主義のつくり方』筑摩書房
小島弘道（2012）「スクールミドルの状況と課題」小島弘道・熊谷愼之輔・末松裕基『学校づくりとスクールミドル』学文社，10-43
小玉重夫（2003）『シティズンシップの教育思想』白澤社
小玉重夫（2013）『学力幻想』筑摩書房
篠原清昭（2012）「学校改善の課題」篠原清昭編著『学校改善マネジメント—課題解決への実践的アプローチ』ミネルヴァ書房，3-18
末松裕基（2012）「教育課程経営」篠原清昭編著『学校改善マネジメント—課題解決への実践的アプローチ』ミネルヴァ書房，110-118
末松裕基編著（2016）『現代の学校を読み解く—学校の現在地と教育の未来』春風社
中央教育審議会・教員の資質能力向上特別部会（2011）「教職生活の全体を通じた教員の資質能力の総合的な向上方策について（審議経過報告）」1月31日
中央教育審議会（2015）「チームとしての学校の在り方と今後の改善方策について（答申）」12月21日
苫野一徳（2013）『勉強するのは何のため？—僕らの「答え」のつくり方』日本評論社
中原淳（2014）『駆け出しマネジャーの成長論—7つの挑戦課題を「科学」する』中央公論新社
バウマン，Z. 著，中道寿一訳（2002）『政治の発見』日本経済評論社
フレイレ，P. 著，三砂ちづる訳（2011）『新訳　被抑圧者の教育学』亜紀書房
松下幸之助（2001）『実践経営哲学』PHP研究所
文部科学省（2013）『コミュニティ・スクール』

文部科学省大臣官房総務課広報室（2012）『文部科学広報』No. 154
柳沼良太（2010）『ポストモダンの自由管理教育―スキゾ・キッズからマルチ・キッズへ』春風社
Bush, T.（2005）Preparation for School Leadership in the 21st Century: International Perspectives, Paper Presented at the First HEAD Research Conference, Oslo,1-15.
Pont, B., Nusche, D. & H. Moorman（2008）*Improving School Leadership, Volume 1: Policy and Practice*, OECD Publishing.（＝2009，有本昌弘監訳『スクールリーダーシップ―教職改革のための政策と実践』明石書店）

● COLUMN ●

▶ 日本の学校システムにはどのような改革が必要か？

　ある研究者に「教育委員会からコミュニティ・スクールを推進するためにはどうすれば良いか聞かれたのだが，どう答えればいいと思う？」と尋ねられたことがあるが，「コミュニティ・スクールはなくてもいいですよ，というのはどうですか？」と述べてみた。幻想的で非現実的なレトリックは，教育改革の到来以来，学校にいちじるしく増えてきたが，学校や地域のような一つの集合体が，あたかもそれを構成する人々からは独立して，共同的な活動ができるかのように論じられると，関係者の想いや差異が無視されてしまう。

　学校は競合するさまざまな立場の者が関わっているし，その影響関係も多様である。現代のような複雑な時代では，学校もコミュニティも万能であるわけはない。だからこそ，学校や教育を社会の文脈を無視して単純に語ることができない。近代教育学は，統制管理的な「共同体における社会化」への偏りを批判し，自省してきた。つまり，異質さを許容しない特定の価値観に基づく，縮小再生産を問題ととらえ，反民主的な抑圧装置としての学校，共同体のあり方を課題として問うてきた。これからの時代において，学校が民主主義（の一部）を担うにはどのような改革が必要となるだろうか。

［末松　裕基］

第12章

豊かな人間関係構築の「場」としての学校の復権へ
―子どもの社会化の変容および教師の現況を手がかりに―

● 本章のねらい ●

　本章では，1980年代以降の学校の相対的価値低下を，小説をモチーフに考え始め，学校で苦闘する教師の現況データを紹介する。子どもにとっての教師の相対的影響力の低下は必至だが，その背景には社会化論の変容があるとにらみ，学校での子どもの社会化のありようについて考察を展開する。さらに，機能・役割が軽視される今日の学校がどうやったら復権しうるのかを，教師のあり方を手がかりに考える。

第1節　学校を通過（スルー）する子どもたち[1]
――『希望の国のエクソダス』より

　「2002年秋，80万人の中学生が学校を捨てた！」。この衝撃的な台詞が本の帯に付された『希望の国のエクソダス』（村上龍著，文藝春秋，2000年）という小説は，フィクションである。しかし，その内容の衝撃度も手伝ってか，作者である村上龍は，当時のテレビ番組，とくに教育問題を考える番組に数多く出演することになった。筆者は，氏がNHKの教育討論番組に出演しているのを目にした時などには，「教育評論家でも十分にやっていけるのではないか」と錯覚したほどである。
　2002年以降，今日に至るまで，80万人の中学生が学校を捨てるなどとい

う事態は，もちろん現実化はしていない。だが，この小説の含意は深く，旧態依然とした学校システムを捨て，ポンちゃんをリーダーとする中学生たちは，ネットビジネスを展開しはじめ，電波ジャックをする。そして自分たちがなぜ学校を捨て去るのかを，世間に公言するに至る。

　言うまでもなく学校は，子どもたちを当該社会へと適応させる「社会化」の一側面を担う機関である。だが，『エクソダス』の中のポンちゃんたちは，大人である教師たちによって行使される教育行為を拒否し，自らが自らを社会化することを選択する。実際，自らが自らを社会化していくというこの感覚は，現代の児童・生徒たちにも十分自覚されているのではないか。というのは，児童・生徒たちの中には，校則の陳腐さや受験教育などの不毛さを感じとっていない者がいないはずはないからである。むしろ，それらを知りつつも，レジスタンスをおこすより，自分の将来のために，とりあえずは学校に従い，表面的には適応しながら通過しようとする感覚が実在していると考えられるのだ。

　石戸教嗣は，その論考において，学校が子どもを教育することは，単なる知識伝達ではなく，子どもが被教育的存在であることを，（親や当該の子どもに）受け入れさせることでもあるとし，子どもの側からみれば，教師の意図的な働きかけを受ける存在であることについて，自らのうちに「期待」を形成することでもあると述べる（石戸 2001: 73）。従来の社会化論で考えれば，学校では年長者たる教師が，年少者たる子どもに教育という営為を通じて社会化を施していたと考えられる。だが現在の学校はそうではなく，むしろ子どもが自らのうちに期待を形成し，学校システムに適応するという形で，社会化がなされていくと見なせるのである。

　ただ，当該の子どもたちにしてみれば，自らを社会化する感覚で，学校を易々と通過できているわけではないのも，また事実であろう。先の石戸（2001）によれば，1980年代後半以降，学校と塾の分業化が，学力形成と人間形成という二つの社会化課題を空間的に分離させ，かつ両者を表面的なものにさせ，その結果，人間形成機能を伴わない学力形成（塾），学力形成を伴わない人間形成（学校）がなされているという印象を，子どもたちに与えること

になったという。このような状況下では、塾での勉強・学校での友だちづきあいを巧く両立させていく選択のできる子どもはわずかとなる。むしろ、過度で長期にわたる"使い分け"の結果、ある者は矛盾した自己を抱え、またある者は居場所を喪失し、その帰結として、自分の見つめ直しとしての不登校に陥ったり、息苦しさの発散としてのいじめに走ったりするという図式が成立する。

　こうした図式を踏まえると、ポンちゃんたちのように、鮮やかに学校を捨て去り、自らが自らを社会化するなどということは、現実にはなかなかできないようにも思われる。むしろ、実在の子どもたちの多くは、傷を負いながらも学校を通過していっている、というのが本当のところなのかもしれない。

　いずれにせよ高度成長期以降、わけても1980年代後半以降は、子どもたちにとって学校は通過する機関になり下がり、そこでの教師の影響力というものも相対的に低下してきてしまっていることが想起される。そこで本章では、まず次節で学校や教師を取り巻く現況を示すいくつかのデータを紹介し、教師の相対的影響力の低下の状況について考える。そして、第3節では従来の社会化論との対比を行いながら、学校での子どもの社会化の今後のありようについて、考察を展開していく。さらに第4節では、その役割がかつてより軽視されがちとなってしまった今日の学校がどうやったら復権しうるのかを、これからの教師のあり方を通して考えてみたい。

第2節　苦闘する教師の現況

1. 増加する教師の病気休職者

　表12.1は、文部科学省関連のWebサイト上で公表済みの公立学校教員の病気休職者数の最新データである。教員在職者数は90万人強で、このうち病気休職者数（B）に関しては、表12.1からも明らかなように、2002（平成14）年度から増え続け、2010（平成22）年度にピークに達している。それでも全在職者数中の割合（B/A）でいえば、最も高率の2008年度から2010年度

第Ⅱ部 教職を広げる

表 12.1 教員の病気休職者数

(単位:人)

前年度からの,(C)の増減数		+507	+365	+619	+497	+320	+405	+58
年度		2002	2003	2004	2005	2006	2007	2008	2009
在験者数(A)		925,938	925,007	921,600	919,154	917,011	916,441	915,945	916,929
病気休職者数(B)		5,303	6,017	6,308	7,017	7,655	8,069	8,578	8,627
うち精神疾患による休職者数(C)		2,687	3,194	3,559	4,178	4,675	4,995	5,400	5,458
在職者比(%)	(B)／(A)	0.57	0.65	0.68	0.76	0.83	0.88	0.94	0.94
	(C)／(A)	0.29	0.35	0.39	0.45	0.51	0.55	0.59	0.60
	(C)／(B)	50.67	53.08	56.42	59.54	61.07	61.90	62.95	63.27

−51	−133	−314	+118	−33	−36	−118	+186
2010	2011	2012	2013	2014	2015	2016	2017
919,093	921,032	921,673	919,717	919,253	920,492	920,058	920,760
8,660	8,544	8,341	8,408	8,277	7,954	7,758	7,796
5,407	5,274	4,960	5,078	5,045	5,009	4,891	5,077
0.94	0.93	0.90	0.91	0.90	0.86	0.84	0.85
0.59	0.57	0.54	0.55	0.55	0.54	0.53	0.55
62.44	61.73	59.47	60.39	60.95	62.97	63.04	65.12

※「在職者数」は,当該年度の「学校基本調査報告書」における公立の小学校,中学校,高等学校,中等教育学校及び特別支援学校の校長,副校長,教頭,主幹教諭,指導教諭,教諭,助教諭,養護教諭,栄養教諭,講師,実習助手,及び寄宿舎指導員(本務者)の合計。
(出所)・文部科学省「教職員のメンタルヘルスの現状等」(p.31),「平成24年度公立学校教職員の人事行政状況調査について」「平成29年度公立学校教職員の人事行政状況調査について」より作成。

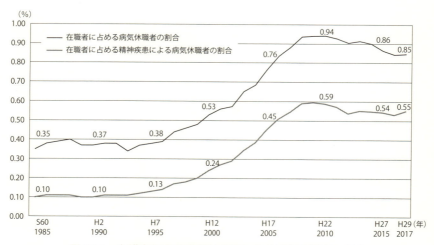

図 12.1 在職者に占める精神疾患による病気休職者の割合

(出所) 表 12.1 に同じ。

でも，0.94％であり，1％に満たない。

　だが，病気休職者（B）を分母にとり，分子に休職事由をとって考えると，精神疾患が原因の休職者（C）の割合（C/B）は，2006（平成18）年度以降，2012（平成24）年度を除き，2017（平成29）年度まで60％以上となっている。つまり休職状態の先生の6割強が，心を病んで休職に追い込まれていることがわかる。ここからは，心が折れる，いわゆるバーンアウトが，休職事由に大きく関わっている可能性が窺われる。

　ここで，もう少し長い期間の範囲をとって，精神疾患による病気休職者数をみてみよう。すると，1991（平成3）年度から2001（平成13）年度までの10年度間で精神疾患事由の休職者数が2倍強の比率になっている（0.11％→0.27％）。そして次の10年度間，2001（平成13）年度から2011（平成23）年度まで で，さらに2倍超の伸び率を示す（0.27％→0.57％）。これらの上昇率は，病気休職者数全体が平成に入って一貫して増加傾向にあることに，単に比例しているだけとみる向きもあろう。だが，先の60％が精神疾患事由による休職という事実と重ねて考えると，心が折れてしまうバーンアウトの問題は，現今の教師の世界では無視しえない重要な解決課題になっているといえよう。

2．バーンアウト（燃え尽き症候群）について

　心が折れてしまうバーンアウト（燃え尽き症候群）とは，どんな現象だろうか。文字通り燃え尽きてしまうということから想起されるイメージは，仕事へのモチベーションが全くわいてこない状態ということになる。精神疾患を伴う休職者の増加は，当然バーンアウトと無関係ではなく，油布佐和子は，「『病める教師』について，教師の仕事の実態把握とともに，何がこのような現状を起こす原因になっているかを探ることがきわめて重要である」（油布2007: 14）と述べる。以下油布（2007）の整理に従いつつ，教師のバーンアウトの背景要因を考えると，まずは教師の多忙の助長傾向が挙げられる。この要因としては，①社会の変化と，②矢継ぎ早の教育改革などが想起されるが，多忙が即時的に疲弊に繋がるわけではない。教師の多くが，「子どもと接する時間からくる多忙は苦にならないが，膨大な書類処理で子どもと触れ合え

る時間がもてなくなることは，何よりも辛い」，などと述懐するのはよく聞かれるところである。これを教師の主観的意味世界に即して考えれば，たとえば次のようにも表現できる。子どもと接する時間によって多忙になるのは，覚悟もしていたしむしろそれを喜びとすら思える部分もある。だが，情報公開や種々の評価のために膨大な書類作成が求められ，こうした事務的仕事の増加によって子どもと接する時間を奪われることが日常化していった時，それは単なる多忙を通り越して，多忙感を募らせることになるのであり，これが教師たちを苛むのだ，と。

次に，感情労働としての教職の特殊性がある。感情社会学の議論によれば，「感じるべきこと」と「実際に感じること」との間には，往々にしてズレが生ずるという（油布 2007: 24）。ここから考えると，クライアントと向き合う感情労働では，ズレを表層・深層の演技等の技法で統制・管理せねばならない。教師という職業も，感情労働には違いなく，わが国特有ともいえる献身的教師像をイメージして，教師として「感じるべきこと」を自己に課して一心不乱に仕事に取り組めば，膨大な仕事の中で当該教師は，いつしかバーンアウトに陥ることは必至ともいえる。そうかといって，献身的教師像を放棄してしまえば，手を抜いているような罪意識，自責の念を抱えることにもなる。ここにジレンマが生ずる。

さらにもう一点，教師の疲弊に繋がる多忙感の背景として，「職員室文化」の解体ともいえる現象が挙げられよう。たとえば，かつては職員室での同僚との関係が密接で，同僚性が作りやすい状況があったのが，現在では日本教職員組合（日教組）の組織率・新採加入率の低下[2]に象徴されるように，同僚性が育まれにくい状況が現出しており，「職員室文化」が弱体化しているといえる。こうした現況下で教師たちは心理的に孤立しがちになり，バーンアウトへといざなわれやすくなっているわけである。

3. 教師の自己効力感，仕事への満足度

前項までで，苦悩する教師の現況をあらかた素描してきたが，当該の先生方が「先生」という仕事に，どのような考えや思いを抱いているのかを，

第12章　豊かな人間関係構築の「場」としての学校の復権へ

2013年実施のOECD（経済協力開発機構）の国際教員指導環境調査[3]（TALIS〈タリス〉：Teaching and Learning International Survey）の結果をみながら探ってみよう。

　教師がバーンアウトせずに職務を継続していくためには，教師が「先生」という仕事に満足し，意欲的に仕事に取り組んでいることが必要条件になる。TALISでは前期中等教育の校長・教員を対象に調査を実施しているが，調査項目中に教員の自己効力感と仕事への満足度を尋ねた調査項目がみられる。よって，この部分を紹介しておく。まず教員の自己効力感であるが，国立教育政策研究所の整理・分析班による以下のまとめが目にとまる。

　　■日本では，学級運営，教科指導，生徒の主体的学習参加の促進のいずれの側面においても，自己効力感の高い教員の割合が参加国平均を大きく下回る。日本の教員の中では学級運営と教科指導について高い自己効力感を持つ割合は高いが（一項目を除き，43％から54％），生徒の主体的学習参加を促進することにおいて自己効力感の高い教員の割合は16％から26％と特に少ない。
　　　　　　　　　　　　　　　　　　　　（国立教育政策研究所編　2014: 190）

　本調査での教師の自己効力感を測定する質問項目は，他にも「学級運営について」が4項目，「教科指導について」が4項目あるが，筆者としては**図12.2**にある「生徒の主体的学習参加の促進について」の4項目が，気にかかる。というのは，この4項目に関しては，調査参加国中，日本が顕著に低く，参加国平均からも乖離した率となっているからである。

　これらの項目の低率に解釈を加えてみると，日本の場合，「生徒の主体的学習参加を促進すること」を先生が試みても，巧くいかないことが多く，こうした教育行為で自己効力感を高めることができる教員が少ない，ということになる。ありていにいってしまえば，先生は一生懸命だとしても，生徒の方は「暖簾に腕押し」で反応に乏しく，教師には手応えが全く感じられない事態が生起していることが予測されるのである。

　しかしながら，これは日本の先生の責任だろうか。むしろ本章冒頭で述べ

第Ⅱ部　教職を広げる

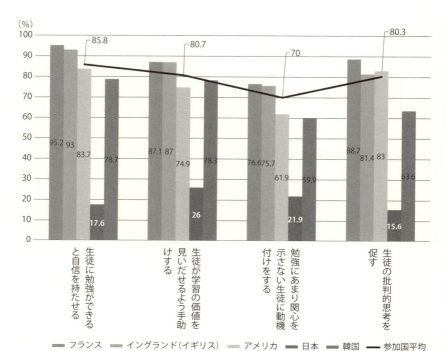

図 12.2　教員の自己効力感【生徒の主体的学習参加の促進について】[4]（％）※

※「あなたの指導において，以下のことは，どの程度できていますか」という質問に対し，図 14.2 に示した項目について，「非常によくできている」「かなりできている」「ある程度できている」「まったくできていない」の何れか一つ選んで回答してもらった時の，「非常によくできている」「かなりできている」と回答した教員の割合。
（出所）国立教育政策研究所編（2014: 195）より作成。

たように，生徒たちが学校を通過する感覚で，教師たちによる教育行為に合わせてあげているだけ，すなわち社会化されたフリをしているだけで，実は生徒たち自らが自らを社会化している感覚を強く抱いているとするならば，数値としては当然の結果ともいえるのではないだろうか。

続いて教員の仕事への満足感である。これは小学校や高校段階の教員が調査対象に含まれず，中学校段階の教員のみが調査対象（注 3 参照）ということもあるのか，他の参加国と際立った差が見られたわけではない。国立教育政策研究所（NIER）の整理・分析班のまとめの記述を以下に引いておこう。

第12章　豊かな人間関係構築の「場」としての学校の復権へ

■日本では，教員の現在の職務状況や職場環境の満足度は，参加国平均を下回る傾向があるものの高い。80％程度又はそれ以上の教員が，「現在の学校での仕事を楽しんでいる」(78.1％)，「全体としてみれば，この仕事に満足している」(85.1％)と回答している。職業としての教職への満足度については，参加国平均と大きな差はない。「教員であることは，悪いことより，良いことの方が明らかに多い」と回答した教員の割合は74.4％，「教職は社会的に高く評価されていると思う」と回答した教員の割合は28.1％である。　　　　　　　　　　（国立教育政策研究所編　2014：190）

調査では，図12.3にある「職業としての教職への満足度」5項目に加え，「現在の職務状況や職場環境への満足度」が5項目構成で尋ねられており，計10項目を以て，調査参加国の「教員の仕事の満足度」を探るべく，調査

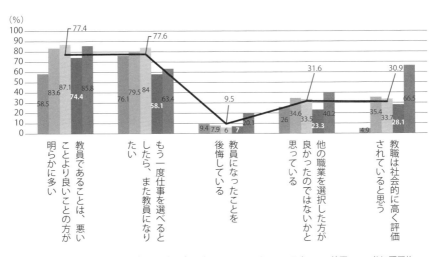

図12.3　教員の仕事への満足度【職業としての教職への満足度】(%)※

※「仕事全般について，以下のことはどの程度当てはまりますか」という質問に対し，図14.3に示した項目について，「非常に良くあてはまる」「当てはまる」「当てはまらない」「全く当てはまらない」の4択のうち，何れか1つ選んで回答してもらった時の，「非常に良くあてはまる」「当てはまる」と回答した教員の割合。
（出所）国立教育政策研究所編（2014: 198）より作成。

165

第Ⅱ部　教職を広げる

項目が設計されている。だが，図12.3でも明らかなように，日本が諸外国の項目比率と大きく傾向を異にするそれは見当たらない。図12.2とあわせて考えるなら，生徒の反応は乏しく手応えは無くとも，教師の聖職性を信じ，健気に頑張り続ける先生像が浮かんでくる。やや意地の悪い見方をするならば，「反応に乏しい対象を相手に，激務をこなし続けた結果，表12.1や図12.1でみたバーンアウトにいざなわれるというリスクからも逃れられない」というのが，日本の先生たちの置かれた現況ともいえるのではなかろうか。

その傍証としては，教師たちの仕事時間とその時間配分が挙げられる（図12.4）。教師の仕事は多岐にわたり，オリジナルデータでは10種類の仕事に分けてその配分時間が尋ねられているが，図12.4では4項目に絞って紹介

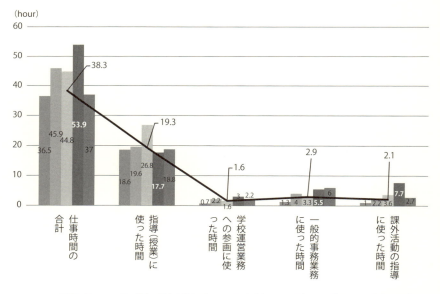

図12.4　教員の仕事時間（通常の1週間の平均時間）（hour）※

※直近の「通常の1週間」において，各項目の仕事に従事した時間（1hour＝60分換算）の平均。また「通常の1週間」とは，休暇や休日，病気休業などによって勤務時間が短くならなかった一週間とする。さらに教員による複数の設問への回答を基にしており，それぞれの仕事に要した時間の合計と「仕事時間の合計」は一致しないことがある。
（出所）国立教育政策研究所編（2014: 174-175）より作成。

しておく。まずは NIER の整理・分析班の纏めを紹介しておこう（国立教育政策研究所編 2014: 158-159）。

- ■教員の回答による1週間当たりの仕事にかける時間は，参加国平均では38.3時間であるが，日本は最も多く53.9時間である。
- ■実際に指導している時間（学習指導にかけている時間）は参加国平均の週19.3時間に対し，日本の教員は17.7時間である。これは授業以外において，教育に関する他の仕事に，より多くの時間を費やしていることを意味している。
- ■日本では課外活動の指導にかける時間が週7.7時間で，参加国平均の週2.1時間よりも顕著に長い。また，学校内外で個人で行う授業の計画や準備に費やす時間の参加国平均は7.1時間である一方，日本の教員は8.7時間と回答している。

図 12.4 からも窺われるように，日本の教師は，1週間のトータルの仕事時間が長いわりには，それが授業などの生徒への指導時間に占有されているわけではない。日本の教師たちは，部活動でまず多忙となり，それとは別に子どもたちと触れ合う時間と乖離した事務処理などでも多忙となる。こうして日本の教師たちは，恒常的に多忙な状況に追い込まれているとみなすことができる。

第3節　社会化論の展開にみる大人と子どもの関係性の変化

　社会化（socialization）を最も簡単に説明すれば，「社会的・集団的生活の中で役割を獲得し，文化を内面化していくこと」とでも表現できるが，ここからも人の発達過程はほとんど社会化の過程であると考えることができる。そして社会化の最初の　機　関　が，子どもが生まれ落ちる定位家族[5]ということになる。この定位家族において，子どもは人としての最初の方向づけを受

けるわけであり，これを初期社会化あるいは第一次社会化という。

　この後も，必ずといっていいほど，人の育っていく過程では所属し成長を促され見守ってもらえる集団というものがある。学齢期以前であれば定位家族や保育園や幼稚園，地域コミュニティーが想起されるし，学齢期に入れば，保育園・幼稚園に学校がとって代わるであろう。さらにこの後，疾風怒濤といわれてきた青年期を経て，人は長い教育期間を終え成熟期を迎える。成熟期段階において，人は職業社会に参入するわけであるが，この段階では多くの者が定位家族から生殖家族へと独立し，学校の代わりに職業集団に参入することになるわけである。

　こうした社会化の流れを「パーソナリティーの位相運動図式」，いわゆるAGIL図式[6]で説明したのが，タルコット・パーソンズ（Talcott Parsons）である。「パーソンズの社会化論は1950代の米国の保守的な核家族（パーソンズ型家族）をモデルにしたに過ぎない」，「日本社会においても，1960年代中葉のジェンダー状況に適合する程度だ。第一，離婚や別居，女性の社会進出（就労増）などが考慮されていないではないか」等の批判が数多く出されてきた。しかしだからといって，これを超える子どもの育ちのプロセスを説明する図式は未だ現出していないとも考えられるため，本章ではこの図式を社会化論の準拠枠としながら考察を続ける。

　AGIL図式では，定位家族に生まれ落ちた子どもが，口唇依存期，愛着期，潜在期，青年期などを経て，生殖家族を築いて独立する成熟期までの過程を説明してくれる。このうち潜在期から青年期までの段階が，子どもが学校で教育を受ける期間ということになる。この段階での社会化が第二次社会化であり，本章で問題にしている部分となる。というのは，この第二次社会化の段階で，学校の教員と児童・生徒の間で，かつてと今日とでは大きな変化が見られるようになっていると考えられるからである。

　AGIL図式，すなわちパーソンズの社会化論では，「社会化の主体（エージェント）は常に大人なのか？」という批判もなされてきた。つまり社会化には，社会化を施す主体たるソーシャライザー（socializer）と，社会化を受ける客体としてのソーシャライズィー（socializee）とがあって，前者には大人たる親，

第12章 豊かな人間関係構築の「場」としての学校の復権へ

後者には子どもを，当然のように当てはめて考えてきたということだ。子どもを育てるのは，大人たる親が行うのは当然だが，これが社会化のすべてを支配しているかといえば，必ずしもそうではない。たとえば，中国残留孤児だった人が家族を伴って日本に帰国したとする。子どもはいち早く日本語を習得し，日本の学校にも適応しつつあったのに，肝心の親たる自分が日本語や日本文化の壁に心が折れ，どうしても日本に適応できない。泣く泣く中国に帰ろうかと考えていたら，子どもが日本語を一生懸命教えてくれて，その後なんとか日本での生活に目処がつき，やっていける自信がついた，といったケースの場合，言語習得のみに限って考えれば，子どもが大人（親）にとってのソーシャライザーになりうる。

このような言語習得の事例が特異に過ぎるとするなら，次のような例はどうだろうか。デジタル・ネイティブ世代の現今の子どもたちが，大人たちよりもIT機器の操作に優れ，親にiPhoneやiPadを用いながら，ツイッターやライン，フェイスブックの操作についてのインストラクションを施す光景である。これは現在もしくは近未来の日本では，かなり常態化するのではないかとすら思える。

さてこの状況が，第二次社会化の舞台である学校でも生起しているのではないかというのが，筆者の問題意識である。本章冒頭の第1節で石戸（2001）の議論を紹介した所以も，そのためである。つまり，学校では大人である教師が当然の如く教育行為を子どもである児童・生徒たちに行使している。この限りにおいて，社会化の主体は教師であり，第二次社会化を施される客体は子どものはずである。この自明性は揺るぎないものであるがゆえに，学校では教師による「授業」が連綿と続いてきたわけである。ただし，石戸のいう新しい社会化論にみられるような感覚，すなわち「ルーマンが言うように，学校では教師が社会化するのではなく，子どもが自ら社会化する」（石戸2001: 75）といった感覚が，子どもたちの内面に潜み，もはや消しがたいほどにその気持ちが心の奥底に巣くっているとしたらどうだろうか。当然のことながら教師の教育行為は，子どもたちには全く届かず，**図12.2**で紹介したような事態が現出するに至るわけなのである。

もはや親子関係のみならず，第二次社会化の舞台たる学校においても，大人＝社会化の主体，子ども＝社会化の客体，という前提が崩れてきている可能性を想定すべきではないだろうか。

第4節　豊かな人間関係を築く「場」としての「学校」の復権のために

では，学校の教師は社会化を施す主体（socializer）として，教育行為を行使することを放棄せざるをえないのか。それはやはり間違いだろう。場面によっては，教師が一歩引いて，子どもがあたかも社会化の主体であるかのように，子どもから学んでみるという姿勢をとることも必要かもしれない。ただし，それは新しい社会化論を踏まえての柔軟な姿勢を示すということであり，教師が全面的に社会化される客体（socializee）になるということは，ありえないし，あってはならない。というのは，社会的制度として確立された学校という場において，「開明（enlightenment）」という価値を行使しえてこそ，教師は児童・生徒に教育的影響力を及ぼすことができるからである。開明とは，知識・見識などを意味するが，「それは人をして，何となくではなく，明確に対自的にものごとを分かっている"明るい"，という状態に達することを可能にするところのものである」（山村 1973: 57）という。それだけに教師には，専門性はもとより人格的高潔さが求められてきたともいえる。これを山村は，次のように説明する。すなわち「聖職観とまでゆかなくとも，大なり小なりどこの国でも，教師は人の"手本"として道徳的であることが要求されているはずであり，それは，教師のコンセプションズの基礎的構成要素とみなしてよい」，と（山村 1973: 58）。

そうであるなら，すべてにおいて道徳的手本とまではいかぬまでも，開明の観点に照らせば，経験に基づく成熟という点で子どもたる児童・生徒よりは，大人たる教師に一日の長があるはずだ。したがって教育行為が，教師から子どもへのベクトルで行使されることは，やはり一定程度維持されるのが

第 12 章　豊かな人間関係構築の「場」としての学校の復権へ

至当である。

　問題は，図 12.2 の現状下で迷った挙げ句，教師が自信喪失し右顧左眄してしまうことであろう。教育学者の佐藤学は，教職には畏れが伴うが，そのうえで子どもに「掌」で触れることの重要性を説く（佐藤 1998）。ここでいう畏れとは，毎年度ごとに初めて出会う教え子たる子どもたちに，教師は緊張を伴った畏敬の念を感じるという意味である。その状況下で，子どもたち一人ひとりの背中に，手のヒラ（掌）で触れていくことの大切さを強調するのだ。目を閉じた状態で背中に掌で触れられると，人は安心感を抱くが，その感覚を子どもに伝えていく教育行為を，メタファーで語ったものであろう。掌で触れる実践のできる教師は，「君のことを見守っているよ」というメッセージを，子どもに伝えられるはずであり，声かけも勢い全身全霊を込めたものとなろう。

　それとは反対に，子どもに「恐れ」を抱いた場合には，子どもへの声かけすら，中途半端で萎縮したものになり，指先で背中にチョンチョンと触れるような，触れられた側が不快に感じるような子どもへの接し方になってしまう。佐藤の観測では，1980 年代後半以降，中途半端な声かけしかできない教師が教育現場で増え，同時に教員養成系の大学では，畏れの感覚を全く喪失した学生がでてきたという。さらに佐藤は，「中途半端にしか触れられないくらいなら，ただ見ていた方がましなくらいだ」と喝破している（佐藤 1998）。

　ベネッセの保護者調査では，親の学校への信頼感は上向いているとのデータ[7]も公表されており，モンスター・ペアレンツに強調される学校バッシングの風潮は幾分か和らいできた感がある。しかし本章で紹介した子どもと接する時間を奪う日本の先生の多忙状況（図 12.4）を考えると，予断を許さない。だが，業務書類を増やし，説明責任や法令遵守を押しつけてくる文科省や教育委員会が諸悪の根源なのか。そうばかりではあるまい。何かとイチャモンをつけてくる親，全く制御不能な程に動き回り反発を繰り返す担任するクラスの子ども。こういう親や子どもにどこまで掌で触れる教育実践でぶつかっていけるのか。ここには個々の教師の勇気と，子どもや親の人数分だ

け接し方を使い分けられる教師の柔軟性が求められている。

　佐藤は，学校は教師と子どもが豊かな人間関係を築く「場」であることを強調しているが，この原初的ともいえるラポール（rapport：相互信頼の関係）作りを教師は諦めてはいけないだろう。ただし，セルバンテスの長編小説に登場するドン＝キホーテのように，単なる空想的理想主義者であるだけではバーンアウトは必至である。本章で教師の置かれた現状のデータや新しい社会化の議論を紹介したのも，将来の教師たちにバーンアウトはもとより，自死などには決して陥らないで欲しいと願うからに他ならない。

　高度経済成長期以降，ますます複雑化するいっぽうの現代社会において，学校の教師の影響力が相対的に低下せざるをえないことは，本章での議論で了解されよう。だが，学校の教師が人格の形成に全く影響力を発揮しえない存在に堕してしまってよいのであろうか。無論知識伝達や教科の専門家として，局所的に児童・生徒に関わるという考え方もある。しかし，それでもあえて言おう。学校の教師の役割と機能には，知識伝達と価値の伝達，教授と訓練，学習指導と生活指導などの対概念が混在して含まれており，それらを人格の形成という言葉で表現してきたのだと。

　「掌」で触れる教育実践の神髄は，この部分に関わる。「掌」で触れる教育実践によって，教師が子どもとのラポール作りを諦めないことこそが，学校でのゲマインシャフト的[8]・無限定的連帯を取り戻すことに繋がるのであり，その時にこそ学校が復権したといえるだろう。

〔腰越　滋〕

第 12 章　豊かな人間関係構築の「場」としての学校の復権へ

● 考えてみよう！

▶ 教師のバーンアウト現象を解消し，精神疾患による休職者を減少させるためには，どのような手立てが考えられるだろうか。学友たちと意見交換してみよう。
▶ 国際教員指導環境調査（TALIS）2013 の結果を参考に，他国と比較しながら日本の中学校教諭の労働環境について再考してみよう。また，TALIS2018 の結果と TALIS2013 のそれとの比較で，国内状況の変化についても議論してみよう。
▶ 教師と子どもが豊かな人間関係を築きうる「場」として，学校が機能していること。これが学校復権の指標（メルクマール）だと考えられるが，過去から現代に至る国内外の学校での good practice たる実践例などを調べ，紹介しあってみよう。

● 注

1) この第 1 節部分の内容は，腰越・及川（2003）の腰越担当部分を加筆修正したものである。
2) 日教組の組織率の低下については，たとえば産経ニュースサイト（2018 年 3 月 2 日付）などで報じられており，昭和 52 年以降，41 年連続で低下したという。https://www.sankei.com/life/news/180302/lif1803020044-n1.html（2019 年 9 月 1 日閲覧）

　　経年変化のグラフについては，文科省の次のサイトなどを参照すると，昭和 33 年度から平成 30 年度までのおおよその推移が把握できる。これを見ると全体加入率（組織率）は一貫して低落しているのに対し，新規加入率は平成に入って下げ止まりの傾向にあることが窺われる。http://www.mext.go.jp/a_menu/shotou/jinji/__icsFiles/afieldfile/2019/03/01/1413032_03_1.pdf（2019 年 9 月 1 日閲覧）
3) 2013 年は第 2 回調査で，コア調査は前期中等教育が対象。調査参加国は 34 カ国・地域。日本はコア調査のみの参加で，調査実施時期は 2013 年 2 月中旬から 3 月中旬。192 人の校長と 3,484 人の教員が回答しており，75％以上の国際ガイドライン基準を超える学校実施率 96％，教員実施率 99％のデータ採取に成功している（国立教育政策研究所編 2014: 5-6）。
4) 図 12.2 は 34 か国のすべてを表示できなかったので，日本以外のフランス，イギリス，アメリカ，韓国は，先進国とアジアということで，筆者がランダムに選んだ。ただし，イングランドは地域参加であり，アメリカは国際ガイドライ

ン基準に達していないため,参考データとなる。
5) 子どもが長じて配偶者を得て築く新しい家族を生殖家族という。
6) ここではAGILに立ち入ることが主眼ではないため,詳細は腰越(2016)を参照されたい。
7) たとえば,ベネッセと朝日新聞社が共同で調査した「学校教育に対する保護者の意識調査 2012」http://berd.benesse.jp/shotouchutou/research/detail1.php?id=3267(2019年9月1日閲覧)などが該当する。

 同調査を分析した木村(2013)によれば,
> 「お子さまが通われている学校に満足していますか」という問いに対して,(「満足している」「とても」と「まあ」の合計)と回答した比率は,2004年調査では73.1%だったが,2012年調査では80.7%と7.6ポイント増加した。じつに8割の保護者が,子どもを通わせている学校に満足しているという結果だ。

としたうえで,
> このことは,学校や教員がさまざまな努力をしてきた結果だと受け止めたい。この間,学習指導要領の改訂によって子どもたちに指導すべき内容が増えた。それに応じて学校現場に資源が投下されたかといえば,必ずしもそうではない。個々の学校や教員のがんばりや説明責任を果たす姿勢が,保護者に評価されたのだろう。

と,分析している。

8) ゲマインシャフト(Gemeinschaft)とは,ドイツの社会学者テンニースが提起した社会類型の一つで,地縁・血縁・精神的連帯などによって自然発生的に形成された集団を指す。家族や村落などがその典型である。

● **引用・参考文献**

石戸教嗣(2001)「社会化と自律化―変動する社会と個人の相互浸透の視点から」柴野昌山編著『文化伝達の社会学』世界思想社,pp. 58-78

木村治生(2013)「保護者の学校に対する『満足』が増加―ベネッセ・朝日新聞共同調査の結果から」https://berd.benesse.jp/berd/center/open/report/hogosya_ishiki/2013/pdf/comment_1.pdf(2019年9月1日閲覧)

久保真人(2007)「バーンアウト(燃え尽き症候群)〜ヒューマンサービス職のストレス」『日本労働研究雑誌 特集・仕事の中の幸福』No. 558/January:54-64 https://www.jil.go.jp/institute/zassi/backnumber/2007/01/pdf/054-064.pdf(2019年9月1日閲覧)

国立教育政策研究所(NIER)編(2014)『教員環境の国際比較 OECD国際教員指導環境調査(TALIS)2013年調査結果報告書』明石書店

国立教育政策研究所「我が国の教員の現状と課題―TALIS 2018結果より―」

http://www.nier.go.jp/kenkyukikaku/talis/pdf/talis2018_points.pdf（2019年9月1日閲覧）

腰越滋（2005）「子どもたちの生活世界」岩内亮一・陣内靖彦編著『学校と社会』学文社，pp.91-105

腰越滋（2016）「社会化理論の再検討と子ども観・青年期の揺らぎ」腰越滋編著『（教師のための教育学シリーズ　第11巻）子どもと教育と社会』学文社，pp.20-38

腰越滋・及川研（2003）「社会力を巡る一考察—『あそびなどについてのアンケート』調査の結果を手がかりとして」『東京学芸大学紀要・第1部門　教育科学』第54集：33-43

佐藤学（1998）「ETV特集　シリーズ講演ドキュメント・子どもと向き合う②　学校は何故必要なのか」NHK（1998年5月5日放送）。

村上龍（2000）『希望の国のエクソダス』文藝春秋

文部科学省「教職員のメンタルヘルスの現状等」http://www.mext.go.jp/component/b_menu/shingi/toushin/__icsFiles/afieldfile/2013/03/29/1332655_04.pdf（2019年9月1日閲覧）

文部科学省「平成24年度公立学校教職員の人事行政状況調査について」http://www.mext.go.jp/a_menu/shotou/jinji/1342555.htm（2019年9月1日閲覧）

文部科学省「平成29年度公立学校教職員の人事行政状況調査について」http://www.mext.go.jp/a_menu/shotou/jinji/1411820.htm（2019年9月1日閲覧）

山村賢明（1973）「教師の影響力とその構造」日本教育社会学会編『教育社会学研究』Vol.28: 46-62

油布佐和子編著（2007）『転換期の教師』放送大学教育振興会

第Ⅱ部　教職を広げる

● COLUMN ●

▶ **中学・高校の部活を考える**

　本章でみたように，日本の教師の多忙状況は，諸外国と比較しても顕著で，多忙が多忙感に変わったとき，教師はバーンアウトにいざなわれる可能性があることと，その背景要因をも考察した。
　バーンアウトといっても，個々の事例ごとに休職という事態に追い込まれた先生方の苦悩の状況も異なるだろう。したがって決定的な打開策は簡単には見い出しえないが，まずは教師の多忙を少しでも緩和すべく，その勤務時間を短縮することは喫緊の目標課題ともいえる。そう考えると，部活動の外部委託化は，教師の勤務時間縮減に向けての新動向の一つとして注目される。
　東京都杉並区では，2016（平成28）年4月から中学校の部活動指導を民間団体に委託する「部活動活性化事業」が実施されている。同区では，顧問教員による指導ができない土・日・祝日に，専門性の高い民間団体に練習指導を委託する同事業を2013（平成25）年からモデル的に実施してきた。これが2016（平成28）年度から，平日の指導や試合への帯同にも同事業の取り組みを導入し，17校が本格実施に舵を切り，2018（平成30）年度には21校が同事業を実施した。また，これに加えて部活休養日の設定に文科省が動き出し，多忙にすぎる教師のみならず生徒にも休養を取らせるという改善策が検討されている。休むことも心身の成長には不可欠と考えられ，教師にも生徒にも良い効果が期待できそうだ。
　ただし課題も多い。部活の外部委託は予算的余裕がある自治体でないと実施が難しい点，実態として公式試合などには，依然として顧問教員が引率などに全面的に関わらねばならない点などが，すでに指摘されている。さらに部活休養日に関しては，家庭環境に問題を抱える生徒などは，居場所探しに苦慮し，非行などに走ってしまうというリスクが，かえって高まるかもしれない。
　しかしそれでもなお，教師が顧問を半ば強要されてきたという部活指導から一部解放され，授業準備などの本来最も時間を割くべき業務に力を注ぎ，学習指導に注力できるようになることは望ましい事態には違いない。「教師は常に生徒とともに」という，日本の教員文化から来る美徳からみると，「部活を教師が見ないのはおかしい」という考えも残るであろう。だが，どこで教師が最も力を発揮し，児童・生徒に寄り添う必要があるのかと考えると，それは「やはり授業」というシンプルな答えにもたどりつく。
　ともあれ部活の外部委託や休養日設定は，教師の超多忙状況に一石を投じたことにはなり，今後の動向が注目される。

［腰越　滋］

参考文献
杉並区学校支援課（2018）「杉並区における外部の力を活用した部活動支援の取組」http://www.mext.go.jp/component/a_menu/education/detail/__icsFiles/afieldfile/2018/11/29/1411276_090.pdf（2019年9月1日閲覧）

第Ⅲ部

教職を深める

第13章 教育哲学で考察する「子ども主体の授業」

● 本章のねらい ●

本章では、教育哲学という専門分野の観点から「子ども主体の授業」について考察する。子どもが主体となって展開する授業を求める声は、「主体的・対話的で深い学び」の実現を目指す現在の教育界のみならず、広く社会一般からも聞かれる。しかし、激しい主体批判が1980年代に現代思想の領域で生じたため、今や教育学でも、主体概念を純粋に肯定することは難しくなっていることが忘れられている。教師となることを志す学生には、教育の専門家として、教育学の各専門分野の観点から「子ども主体の授業」を理解し、実践することが求められる。

第1節 「子ども主体の授業」と1980年代以降の教育改革との関係

まず、「子ども主体の授業」ということを、子どもの自己活動を重視した授業のことである、と仮に定義しておこう。こうした授業は、教科的知識の体系性を重視した授業や、教師が主導する画一的な方法を重視した授業に代わるものとして、19世紀の末から20世紀の初めにかけて登場した「子ども（児童）中心主義」の思想、または、「新教育運動」と呼ばれる教育改革の運動にルーツをもつものだということができる。「新教育運動」という教育史的

観点から「子ども主体の授業」を考察する作業は次章に譲ることとし，本章では，「主体」という概念そのものを明らかにしたり，「主体」について論じた思想家を取り上げたりすることで，教育哲学の観点から「子ども主体の授業」について考察してみることにしよう。

　そもそも，教職の概論となる本書で，なぜ他の授業のあり方をさしおいて，「子ども主体の授業」について考察する必要があるのか。それには二つの理由がある。一つは，教師を志す学生の意識に基づくものである。本書の読者として想定されている学生の多くが，理想の授業として，「子ども主体の授業」を挙げることが調査の結果から知られている（下司・奥泉 2014）。したがって，その授業について，より学問的に考察しておく機会が必要だと考えられるというのが一つめの理由である。しかし，もっと重要なのは，1980年代以降の教育改革の動向で，「子ども主体の授業」こそが，今後の日本に求められる授業のあり方だといわれ続けてきたという，もう一つの理由の方である。激しい受験競争や詰め込み主義の教育に対する批判から，子どもの内発的動機に基づく授業を求める動きが現れた。それは今日，「ゆとり教育」と総称されている教育改革の一部を成した動きである。たとえば，1989（平成元）年の小・中・高の学習指導要領改訂や1991（平成3）年の指導要録の改訂をふまえて提示された「新学力観」（または新しい学力観）では，「子どもたちの主体的な学習活動」「問題解決的な学習活動や体験的な学習活動」によって育まれる新しい学力（自己学習力）の重要性が説かれた。これは1996（平成8）年の中央教育審議会の答申にも引き継がれ，「生きる力」の提言となり，さらに，「ゆとり教育」を象徴するといわれた1998（平成10）年の学習指導要領改訂に結実することとなった。

　「ゆとり教育」が「子ども主体の授業」への転換を目指したとするならば，「ゆとり教育」が批判され，脱ゆとりと言われる今日では，むしろ「子ども主体の授業」は時代遅れなのではないか，という疑問が湧いてくるかもしれない。たしかに，教育内容の大幅な削減は修正されたし，総合的な学習の時間も減ることにはなった。だが，求められる学力や授業のあり方についていえば，「ゆとり教育」は決して撤回されていないのである。「生きる力」が提

起された1996（平成8）年の中央教育審議会答申「21世紀を展望した我が国の教育の在り方について」では、「国際化や情報化など」変化の激しい社会では「知識の陳腐化」が早まるため、知識を「不断にリフレッシュすること」が求められるとしたうえで、「このように考えるとき、我々はこれからの子供たちに必要となるのは、いかに社会が変化しようと、自分で課題を見つけ、自ら学び、自ら考え、主体的に判断し、行動し、よりよく問題を解決する資質や能力」であると述べていた。その後、変動の激しいグローバル化の中で、知識の内容そのものよりも、実生活で知識を活用できる力（活用力）を重視する動向がPISA（国際学習到達度調査）や、それを含めた経済協力開発機構（OECD）の「キー・コンピテンシー」の概念を通して知られるようになると、文部科学省はそれらを先取りしたのが「生きる力」の考え方だと位置づけ直していたからである。

その後も、2008（平成20）年の「少人数学級の推進など計画的な教職員定数の改善について」でも、文部科学省は「課題発見・解決能力、コミュニケーション能力等を育成する」ために、「プレゼンテーションや対話・討議等のグループ学習などを通じた言語活動、体験活動、ICTを活用した教育活動など双方向的・協働型の新しい学びへと授業を変革すること」を教育現場に要求している。それによって見られることが期待されているのは、やはり自己活動する子どもの姿なのである。つまり、受験競争や詰め込み教育への批判という国内的な事情から（再）評価された「子ども主体の授業」は、その後、グローバル化に対応できる人材育成の必要性という国際的・経済的な事情のもとで不可欠な手段として位置づけ直され、今日でも受動的・画一的な授業を変革する試みとして教育現場に導入されている（前田 2014；松下 2010）。「……自分で主体的に情報を収集し、自らものを考え、判断するような力を子どもたちに付けなければ、これからの社会は成り立たない、という認識」（守屋 2014: 5）は、今日にいたるまで一貫して日本の教育改革で共有されている。こうした流れの中に、「主体的・対話的で深い学び」も位置づけることができる。

第 13 章　教育哲学で考察する「子ども主体の授業」

第 2 節　1980 年代の現代思想に生じた主体批判

　1980 年代以降の日本の教育改革では，「ゆとり教育」時代の「新しい学力」であろうと，グローバル化に対応する形で提起されている「活用力」であろうと，「子ども主体の授業」の実現が強く望まれていることをみてきた。ところが，哲学・心理学・社会学・政治学といった人文科学・社会科学の領域では，同時期に全く正反対の考え方が大きな影響力をもつようになっていた。一言でいえば，それは主体批判である。これまで，主体という概念は肯定的な価値を帯びた概念として理解されてきた。読者の皆さんも，子どもの主体性を重視した教育というスローガンを聞けば，暗黙のうちに，人間の，あるいは個人の尊厳が守られた良い教育というイメージをもつのではないだろうか。もちろん，これまでにも，「子ども主体の授業」を生み出した子ども（児童）中心主義に対する批判として，子どもが主体では，規律や学力が身につかないという批判はあったし，「ゆとり教育」に対しても同じ批判がなされていた。しかし，ここで紹介しておきたい主体批判は，そうした類型的な批判とは次の点において，全く異質なものである。それは，主体批判を提起した思想（構造主義，ポスト構造主義やポストモダニズムといった思潮を含み，現代思想と総称される思想）が，主体という概念をヨーロッパ近代に固有の文化的・歴史的文脈で生まれた概念と理解し，その普遍的・不変的価値に疑問を投げかけるものであったという点である。私たちは，主体と呼ばれる存在が事実としてあると信じている。だが，現代思想からみれば，それは私たちがヨーロッパ近代の世界観・価値観を当たり前のものとして身につけ，生活しているからなのだということになる。もしそうであるならば，それ以前には主体は存在したのか，また，近代において主体とは何だったのかを確認しておかなければならない。

1.　主体概念の誕生

　日本語で「主体」と呼ばれている言葉は，たとえば，英語の subject，ド

イツ語の Subjekt，フランス語の sujet を翻訳した言葉である。これらの言葉は，認識と行為のうち，認識に力点を置く場合には，「主観」とも訳される。だが，もともとこれらの言葉はラテン語の subiectum に由来するものであり，さらに，subiectum のルーツが，古代ギリシャの哲学者であるアリストテレスが用いた hypokeimenon という言葉にある。重要なのは，subiectum と hypokeimenon には主体や主観という意味はないということである。この言葉の意味は，「基体」，つまり，事物や物事の背後にあり，それらの存在を支えているもの，である。その意味が人間の認識や行為の側に移されたのが近代だといわれる（木田 2014；小林 2010）。

　近代に生じた大きな変化を特徴づける二人の哲学者を挙げておこう。一人はデカルト（René Descartes, 1596-1650）であり，もう一人はカント（Immanuel Kant, 1724-1804）である。デカルトは「われ思う，ゆえにわれあり」で知られる。デカルト自身が今日であれば主体や主観と呼ばれる言葉を用いたことはないが，デカルトが真理の探究の出発点を，考える私，すなわち，精神としたことで，精神に知られる物質，精神と区別された身体という二元論がもたらされた。それは理性的存在としての人間の独自性や独立性，その尊さへの意識を育んだ。近代における人間主義（ヒューマニズム）の誕生である。また，カントは，人間の認識が世界の側から与えられる受動的な感覚的経験をもとに作られるという主張に異を唱え，人間が世界を超えてもっている認識の枠組みこそが世界を作りだすという「超越論的主観性」の考えを提起した。事物や物事の存在を支える「基体」は，今や精神，理性をもつ人間の側にあるとみなされるようになったのである。それこそが哲学だけでなく，自由と平等に基づく近代市民社会の成立に影響を及ぼした啓蒙思想の根底にある考え方であった。

　主体と主観の概念の誕生は，それと対となる客体と客観の概念の誕生でもある。対となる主体と客体，主観と客観はどのような関係にあるのか。これは，教育とはかかわりのない哲学上の問いにみえるかもしれない。ところが，これは単なる哲学上の問いではないのである。いやむしろ，この哲学的な問いから教育の議論は始まっている。たとえば，主観的な意見は人によってさ

まざまであるから，客観的な事実によって正されるべきだという主張がある。こうした主張をする人は，客観的な事実をよく知る大人が子どもにそれを伝達するのが教育の役割だと考えるだろう。これに対して，子どもの主観と子どもの身体の活動を伴う主体が，客観的であろうと社会的であろうと世界を構成するのであるから，子どもの知的・身体的発達段階に即した教育が必要だという主張もある。この場合に私たちは，子どもの自然を大人の人為的意図によって歪めてはならないというルソー（Jean-Jacques Rousseau）の考えも吸収しつつ，子ども（児童）中心主義をルソーよりも実証的に説明した「構成主義」という現代の教育学的立場を採用したことになる。そして，「構成主義」の代表的な理論家であるピアジェ（Jean Piaget）という発達心理学者にみるように，「構成主義」はカントの哲学をそのルーツとしているのである。

2. 主体概念に対する批判

では，規範意識の低下や学力の低下という，教育界で典型的にみられる「子ども主体の授業」への批判とは別に，主体はどのような意味で批判されなければならないのだろうか。ここでも，20世紀の現代思想を代表する二人の議論だけを紹介しておこう。一人はハイデガー（Martin Heidegger, 1889-1976）であり，もう一人はフーコー（Michel Foucault, 1926-1984）である。要点を先に述べると，ハイデガーは，近代に人間が主体となったことで世界に生み出された破壊的・悲劇的側面について論じ，フーコーは，自己活動する主体そのものに疑いの目を向け，主体的であることと従属的であることが実は同じであると論じた。

(1) ハイデガー

ハイデガーは，自然的・社会的世界を操作可能なものとみなし，支配者，つまり，世界の主人となろうとする近代の人間の姿に批判のまなざしを向けた。近代科学を応用した技術はたしかに自然を活用することで人間に繁栄をもたらした。しかし，自然環境の破壊と，それに依存する人間の生存環境に危機をもたらした。また，人間が社会的世界で生きる意味や価値観を不明確

にもした。こうした近代の負の側面は，ハイデガーによれば，Subjekt 概念が古代ギリシャの用法を離れ，主体や主観という意味を帯びたことからもたらされているのである。ハイデガーによれば，この「主観〔主体〕(Subjekt) 概念の形而上学〔古代ギリシャの哲学で論じられたような，世界の根本原理を探る哲学：筆者注〕的意味は，さしあたり，人間に対する関与を少しも強調せず，ましてや自我にも少しも関与していない。しかし人間が初めて独自のスプエクトゥム (subiectum) になるばあいには，これは，人間が，つまりそのもとにすべての存在するものが，その存在と真理という仕方において基礎づけられているような，そのような存在するもの〔基体的主体〕になる，ということである。人間が，存在するものそのものの関与の中心となるのである。」(Heidegger 1938＝1962: 26，ただし，一部改訳)。こうして，近代には，人間の認識と行為こそが世界に原理を与える「基体」となる。このとき，人間は主体として，世界の側は客体として現れる。もはや古代ギリシャの時代のように，人間は自らを空け開く世界に投げ込まれているのではなく，意識の像によって世界を把握し，操作する力を行使する。主体とはそうした人間のあり方を指している。近代の人間主義とは，人間が対峙すべき客体として世界をみなす人間中心主義でもあったのである。

(2) フーコー

次に，教育学でも有名なフーコーの議論をみておこう。フーコーは，近代という時代を特徴づける監獄，学校，工場，軍隊，病院といった制度・施設について，膨大な資料をもとに分析を行った。その結果として，近代には，前近代にみられるような物理的暴力を媒介とした権力とは別の，「規律型権力」が作用するようになったと結論づける。前近代には，王のような支配者が臣民に対して生殺与奪の権利（人の生き死にを掌握する権利）を行使した。これに対して，近代には，権力は人間科学を中心とした学問と結びつくことで，一人ひとりの人間がどういう人間であるかを特定し，そのような存在として一人ひとりの人間が自発的にふるまうように導いていく。個々人の違いを尊重し，それをみわけ，それに応じて国家・社会に貢献する存在としての

価値を与えて活かす。このような権力のあり方は，人間の身体に直接に罰を与えていた監獄や学校のあり方と比べれば，とても人間的に見える。だが，フーコーはそれを権力の作用の弱体化とみるのは誤りだとする。なぜなら，近代にさまざまな制度・施設を用いて生み出されたものは，自発的に服従する存在としての人間に他ならず，主体的な存在となるということは従属する存在となることと同義だからである。つまり，権力から自由な自己活動する主体なるものは存在しないのであり，主体とは権力による主体化＝従属化の産物であるのである。

　具体的にみてみよう。先に挙げた制度・施設では，内部にいる囚人や児童・生徒といった人間の身体が規制され，規律訓練が実行される。このことにより，従順な身体が形成されることになる。たとえば，監獄や学校では，囚人や児童・生徒はいつ，どこにいるべきか，何をするべきかを（たとえば時間割で）あらかじめ定められている。これらが時間・空間の配置，身体の部品化と呼ばれる。監獄と学校を同列に扱うことには異論もあるだろう。しかし，ここでフーコーが監獄としているのは，囚人をひどい目に合わせる場というようなものではない。身体に直接に暴力を加えるのは，むしろ前近代の刑罰の特徴である。つまり，権力は近代以降，身体刑のような身体を痛めつける形式ではなく，身体に規律訓練を加えることで従順さへと主体化する形式に変化した。ここに，監獄と学校の共通性がある。それを象徴するものとして，よく知られているのは，哲学者ベンサム（Jeremy Bentham）が描いた一望監視刑務所のデザインである。「パノプティコン」（一望監視装置）と呼ばれる仕組みがベンサムの設計した円形監獄にはみられるとフーコーはいい，そこに規律型権力の特徴をみいだしているのだ。

　その特徴の一つは，権力の行使が経済的・効率的に行われることである。中央にある監視塔，そして，その周囲に円周上に配置された独房。一つの監視塔から多くの囚人を監視，管理することが可能となっている。二つめは，権力が没個人化されていることである。監視塔からは独房の中が丸見えとなっているのに対し，独房の囚人からは監視塔の様子は見えないような仕掛けになっている。見張り，権力者の実体は不明，匿名のままなのである。三つ

めは，権力が自動的に働くことである。独房の囚人は監視塔に見張りがいようがいまいが，常に監視されていると意識せざるをえない状態に置かれている。こうして，囚人は見張りの有無にかかわらず，自分の内面に見張りの目を置き，自分で自分を監視するようになってしまうのだ。こうして，権力は個人の外部から物理的に行使されるものではなく，身体を規制することで個人の内面，心の中から働くものとなっていった，それが近代の権力の特徴なのだとフーコーは論じる。学校での試験や個別の指導にも，権力者はみえないが，児童・生徒を常に見える状態に置いていること，しかも児童・生徒を大雑把に束として扱っているわけではなく，一人ひとりを独自な存在として明らかにすることが目指されている様子が表れている。「つまり可視性の領域を押しつけられ，その事態を承知する者（つまり被拘留者）は，みずから権力による強制に責任をもち，自発的にその強制を自分自身へ働かせる。……自分がみずからの服従強制の本源になる」（Foucault 1975＝1977: 204-205）のである。

そうだとすると，「自由〔の概念〕を発見した《啓蒙時代》は，規律・訓練をも考案した」（Foucault 1975＝1977: 222）ということになる。統制を加える国家・社会に対して抵抗し，自由を求める市民としての個人がモデルとなった近代の主体は，実は権力と切り離された存在ではなく，権力と不可分であり，権力によって作られた存在である。このような見方からすれば，詰め込み教育や画一的・受動的な授業を「子ども主体の授業」に転換するというスローガンだけで，「子ども主体の授業」に肯定的な印象をもってしまうのは，あまりに自律性に欠けるし，近代に固有な考え方に知らぬ間に（それこそ主体化されて）とらわれすぎているということになるだろう。

第3節　ジョン・デューイの教育思想における主体論

「子ども主体の授業」のルーツが，子どもの生活経験に即した授業の実現を唱えた子ども（児童）中心主義，新教育運動にあるとしたら，その代表的

第13章　教育哲学で考察する「子ども主体の授業」

思想家は主体をどのように定義したのだろうか。アメリカにおける新教育運動（アメリカでは，進歩主義教育運動という名で知られる）を代表する哲学者，教育家であったデューイ（John Dewey, 1859-1952）を例にみてみよう。

1. 問題状況で現れる主体と客体

　デューイは人間から切り離された客観的実在が存在するという考え方から出発することが誤りだとする。ここから出発すると，客観的実在の側にある世界の法則や真理を人間は写し取るだけの受動的な存在となってしまう。だが，明らかに人間は世界の中で，いや世界とともに活動している存在である。したがって，まずデューイは，事物や物事の存在を支え，可能にしている「基体」が客体に潜んでいるとする客観主義を退ける。では，デカルトやカントのように「基体」を主体にみいだすのか。実はデューイは，デカルトやカントの哲学も，主観を絶対視した主観主義だと批判する。デューイの問いは次のようなものである。なぜ近代の哲学者たちは，知る主体と知られる客体，主観と客観，精神と物質（身体）といった二項対立を前提としてしまうのか。二項対立を前提としてしまうから，主体と客体がどのように関係するのか，どちらが重要なのかを問わなければならなくなるのではないか。しかし，この前提そのものが間違っていたのではないか。主体と客体の静的な関係を弁証法という動的な運動においてとらえたヘーゲル（Georg Wilhelm Friedrich Hegel）や，有機体と環境の適応的関係において生命としての人間を説明したダーウィン（Charles Robert Darwin）に影響を受けたデューイは，人間を主体ではなく，まずは環境との間で絶え間なく自己の生命を継続する適応のために動的な相互作用を営んでいる生命有機体としてとらえることを主張する。すると，人間と世界は全く違ってみえてくる。有機体と環境との間に均衡が存在し，調和が保たれているときには，ただ一つ，生命過程（すなわち，経験）が存在するだけである。主体と客体は未分化の状態にある。このような状態をデューイは「確定状況」と呼ぶ。しかし，生命過程の均衡が破れると，再度確定状況を取り戻すための独自な活動が必要となる。有機体に知性が発生し，その知性は確定状況を回復すべく作用する。たとえば，植物は養分を得

るために葉の向きを変え，根を伸ばす。空腹となったライオンは均衡が保たれているときには見向きもしなかったシマウマを知覚するようになり，捕食の活動を開始する。人間の場合も同様である。ワープロの入力でキーボードを順調に叩いているときには保たれていた調和が，タイプミスによって崩れる。人は突如として私自身とキーボードを別々のものとして意識するようになる。なぜ間違えたのか。私のせいか，キーボードの故障か。人間の場合には，こうした「反省的思考」が知性につけ加わる。均衡が崩れた状態を，デューイは「不確定状況」，または，「問題状況」と呼ぶ。主体と客体とは，問題状況においてのみ現れる一時的なものである。反省的思考が，問題状況が生じた原因を突き止め，「問題解決」の手段を提起するために一時的に主体と客体を区分するのである。それをあたかも不変の状態，常にそうあるものだと見なしたのが近代以降の人間の誤りだったのではないかとデューイはいう。

したがって，主体と客体の関係は，知るものと知られるものといった関係ではない。デューイは次のように定義する。「……客体とは異議を唱えるもののこと，挫折の原因となるものである。しかし，同時にそれは目的でもあり，結果として生じる最終的な完成，つまり，事柄が安定して独自のまとまりとなった状態でもあるのである。主体とは苦難を被るもののこと，従属させられ，抵抗や挫折を耐え忍ぶもののことである。それは同時に，敵対的な条件を制圧しようと試みるもの，つまり，現在置かれた状況を作り変えるために率先して活動するもののことでもあるのである。」(Dewey 1925: 184)。第一に，一つのまとまりをもった生命過程に異議を唱える客体とそれがもたらす苦難を被る主体，第二に，近い将来の次の均衡を想像させる目的を示唆する客体とその目的を実現するために手段を講じる主体。問題状況において現れる二つの関係にこそ，主体と客体はあるのである。重要なのは，デューイにあっては，「主観的精神は本来，媒介的な位置にあること」である。主観的・主体的であることは，確定状況に向かう過渡的段階，「予備的で暫定的，未完成の行動様態」(Dewey 1925: 171) であるということなのである。主観の働きや主体の活動には反省的思考という人間に独自の機能が現れることは大切なことである。しかし，一方で，それは問題状況という生命過程（経験）

の半分での出来事にすぎない。デューイの観点からみると，子どものうちにあらかじめ存在する特性のように主観を理解し，活動する主体としてそれが外に現れることが授業にとって大切だとみなすならば，媒介的・一時的な機能を普遍的・不変的なものとして絶対視する誤りを犯していることになるし，主客未分の確定状況を享受する喜びという，もう半分の経験の大切さを見逃していることになるだろう。

2. 教育実践における展開

さて，デューイは哲学者であったが，その哲学の実践家でもあった。教育思想に関していえば，彼が有名なのは，1896年から1904年までの間，シカゴ大学の付属小学校（通称実験室学校またはデューイ・スクール）の責任者として，自らの教育思想を実践したからである。そこで，デューイの教育実践を概観することを通して，上で論じた主体のあり方を確認してみよう。デューイは実験室学校での実践を説明した『学校と社会』という本の中で，子ども（児童）中心主義の立場を宣言したと後に呼ばれることになる名言を残している。デューイは次のようにいう。「今日わたしたちの教育に到来しつつある変化は，重力の中心の移動にほかならない。それはコペルニクスによって天体の中心が，地球から太陽に移されたときのそれに匹敵するほどの変革であり革命である。このたびは子どもが太陽となり，その周囲を教育のさまざまな装置が回転することになる。子どもが中心となり，その周りに教育についての装置が組織されることになるのである。」（Dewey 1899＝1998: 96）と。たしかにデューイは子どもを自己活動する存在ととらえ，子どもの自己活動を無視した教育内容や方法を外的にあてがう授業に批判的であった。しかし，そのことは子どもに授業を任せてしまうことも，教材やその背景にある文化を軽視することも意味してはいなかった。

デューイが目指したことは，子どもの自己活動を意味のあるものとするため，また，学校を学校外の社会と切り離された場としないため，学校を「小型の共同社会」とすること，そして，その共同社会で子どもが自分の活動を位置づけられるような「仕事」（occupation）をカリキュラムに導入すること

であった。デューイの言葉でいえば,「わたしたちの学校一校ごとに, それぞれ胎芽的な社会生活ができるようにすること, すなわち, 学校より大きな社会生活を反映させるに典型となる仕事によって学校を活動的なものにし, そして, 芸術・歴史および科学の精神を隅々にまで浸透させ, それによって学校を胎芽的な社会生活の場にしていくということ」(Dewey 1899＝1998: 90) が, デューイの考える新教育であった。このために, 生命過程を維持する基礎となる, 衣食住に関わる活動, 具体的には, 織物, 料理, 大工仕事などの作業が実験室学校のカリキュラムの中心とされた。なかでも糸紡ぎの実践は有名である。それは, 亜麻, 綿, 羊の背から刈り取ったままの羊毛を与えられた子どもたちが, 糸を紡ぐことから始めて, やがて繊維を布へと織り上げる工程を子どもたち自身の手でたどっていった活動である。今日では, 生活科や総合的な学習の時間のルーツともいわれるこの活動は, 生命過程の中でも最も原始的な生活様式において生じた, 人間の弱い皮膚を守る衣服を作り上げるための問題解決の過程を, すでに産み出されている観念と人工物を媒介として追体験することから出発し, やがて近代産業における衣服の生産や世界規模の貿易で生じた問題解決の過程の学びへといたる壮大な人類の文明史と呼びうるものであった。

　子どもは人類が積み重ねた経験, つまり, 確定状況と問題状況の絶えざる繰り返しを, 身をもって学校で体験する。だが, その実践的体験は自らを問題状況に置き, その解決のために反省的思考を機能させる点では知的経験へと昇華させられている。単純なものも複雑なものも, 具体的なものも抽象的なものも含めて, これまでに産み出されてきた人間の英知というべき多様な道具 (観念と人工物, すなわち, 知識から物質的道具までを含む文化的遺産) が, 確定状況を作り出した媒介として子どもたちの前には提示される。つまり, 子どもが学ぶべき知識とは単に頭の中に注入される物ではなく, 生きるための, 活きた活動を潜在的に帯びた道具とみなされるのである。それは主体と客体を再び連続させるという意味で, 人類にとって尊いものである。それが人類のどのような問題解決の必要から生まれ, 有機体としての人間と自然的・社会的環境との関係をどのようなあり方をするものとして構成しているのか,

また，人間がそれに媒介されることで，人間の思考はどのような地平に規制されたり，別の地平へと解放されたりしてきたのか。こういったことが本来は，経験を中心とした授業の中身なのである。したがって，デューイにとっての「子ども主体の授業」とは，子どものやりたいことを自由にやらせる授業ではない。しかし，かといって，それは，学校を一つの社会とすることで，社会に出た後にすぐに役に立つ知識・技能を子どもに身につけさせる職業教育なのでもない。前者は主観主義であり，後者は客観主義である。こうした発想そのものをデューイは批判したのであった。生命過程に授業上で参加し，その一部である自分を知る，一言でいえば，生きることを学ぶデューイの授業では，子ども主体とは，人類の過去と同様に問題解決に苦しみながら反省的思考を働かせること，さらには，その過去の道具を現在に活きるように作り直すことのうちにみられるのであった。

第4節 「子ども主体の授業」に向けて必要とされる知見

　以上，「子ども主体の授業」を教育哲学の観点から考察してきた。その結果として，子どもの自己活動を尊重することで，授業における教師の負担が決して軽くなるわけではないことが理解されたことだろう。教師や教師を目指す学生には，デューイのいう確定状況と問題状況の双方を指す「経験」に関する広くて深い見識が求められる。確定状況の経験には，人間が自然の一部であることを享受する，自然との穏やかな調和的関係や，人類が産み出した観念や人工物を媒介とした，人間相互の共感的関係が含まれる。しかし，一方で，確定状況の経験と思われているものが，洗脳の状態であったり，個人の尊厳を放棄した全体主義への傾倒となっていたりするかもしれないからである。これらのことはすべて，学校で，学級で起こり得ることである。また，問題状況の経験には，これまでに産み出された観念や人工物を手がかりとして，人類が行ってきた問題解決を単になぞるだけでなく，現代・現在の経験で活きるものとするために，観念や人工物を再構成する営みが含まれる。

しかし，一方で，問題状況の経験として学校に用意されたものが，実社会とのつながりを売りにしながら，実際には単に現在の政治や経済に順応するための訓練にすぎず，かえって子どもの創造的思考を限定しているかもしれないのである。

　生きた社会の問題を子どもがじっくりと考えていれば，また，子どもが表面的に活発に行動していれば，日本のこれまでの受動的で画一的な授業が克服された「子ども主体の授業」が成立していると考えるのも，あまりに教育に関する専門性が低いといわざるをえないだろう。単に考えている主観は，暫定的・中間的な段階にあることを示しているにすぎないのであるから，それは外に示されて自然や他者と出会い，それらとときに苦しみを伴う対話をしなければならない。単に表立って行動するだけの主体は，反省的思考が不十分かもしれないし，客体である自然や他者を抑圧し，自らの意のままに操ることに暗黙のうちに価値を置いているのかもしれない。また，すでに産み出されている観念や人工物と子どもが関わることで，主体的に見える子どもに回収することのできない予想外の出来事が引き起こされたときに，その事実から教師が目を背けることになってしまうかもしれない。今日，肯定的に語られている「子ども主体の授業」に対しても，こうした観点から検討を加えていく必要があるだろう。教師や教師を目指す学生には，経験や相互作用と呼ばれる，一見するとありきたりな現象がもつ複雑性，そこに含まれているさまざまな要因を分析することが可能なだけの広くて深い学問的知識が求められているのである。

　本章では，主体概念に関する教育哲学的考察を行った。ハイデガーによれば，主体とは操作の対象として客体を位置づける近代の人間中心主義と結びついたものである。また，フーコーは，人間が主体となることは，近代に特有の権力によって従属させられることと表裏一体であると論じた。デューイも，主体は問題状況において一時的に現れる経験の一側面だとした。こうした主張そのものが授業を分析する観点となると同時に，経験・相互作用の場として授業を分析するための学問的知識が求められていることを示しているといえる。

〔古屋　恵太〕

第13章　教育哲学で考察する「子ども主体の授業」

● 考えてみよう！

▶ 「子ども主体の授業」の他に，私たちが暗黙のうちに価値があるものとみなしてしまっている概念や考え方にはどのようなものがあるだろうか。
▶ ハイデガー，フーコー，デューイが述べている主体のあり方を，それぞれ具体的に例を挙げて考えてみよう。
▶ 教育と学習の経験・相互作用を分析することを可能にしてくれる理論や思想を他にも探して，その意義を説明してみよう。

● 引用・参考文献

木田元（2014）『わたしの哲学入門』講談社
下司晶・奥泉敦司（2014）「教育哲学は学生の教育観をいかに成長させるのか──教育思想がもたらす広がり・深まり・変化」林泰成・山名淳・下司晶・古屋恵太編『教員養成を哲学する──教育哲学に何ができるか』東信堂，pp.151-182
小林敏明（2010）『〈主体〉のゆくえ──日本近代思想史への一視角』講談社
前田晶子（2014）「『新たな学び』を教室の学びに」山本睦・前田晶子・古屋恵太編著『教師を支える研修読本──就学前教育から教員養成まで』ナカニシヤ出版，pp.93-112
松下佳代編著（2010）『〈新しい能力〉は教育を変えるか──学力・リテラシー・コンピテンシー』ミネルヴァ書房
守屋淳（2014）「学びの主体とは何か」奈須正裕編集代表，守屋淳・澤田稔・上地完治編著『子どもを学びの主体として育てる──ともに未来の社会を切り拓く教育へ』ぎょうせい，pp.1-52
Dewey, J. (1899) *The School and Society*, in Jo Ann Boydston (ed.), *John Dewey The Middle Works, 1899-1924*, volume 1: 1899-1901, Carbondale: Southern Illinois University Press, 1976.（＝1998，市村尚久訳『学校と社会　子どもとカリキュラム』講談社）
Dewey, J. (1925) *Experience and Nature*, in Jo Ann Boydston (ed.), *John Dewey The Later Works, 1925-1953*, volume 1: 1925, Carbondale: Southern Illinois University Press, 1981.（＝1997，河村望訳『経験と自然──デューイ＝ミード著作集4』人間の科学社）
Foucault, M. (1975) *Surveiller et punir: Naissance de la prison*. Gallimard.（＝1977，田村俶訳『監獄の誕生──監視と処罰』新潮社）
Heidegger, M. (1938) *Die Zeit des Weltbildes*, in: Gesamtausgabe, Bd. 5: Holzwege, V. Klostermann, 1977.（＝1962，桑木務訳『世界像の時代』理想社）

● COLUMN ●

▶ 求められる「本物の学び」＝「真正の学び」

　現在，日本の学校教育では，OECD の DeSeCo (Definition and Selection of Competencies) プロジェクトが提示したキー・コンピテンシーに基づいて，「本物の学び」を実現することが求められている。「本物の学び」とは，authentic learning のことであり，「真正の学び」と教育学では訳されている。

　では，「真正の学び」とは何だろうか。一般的には，学校での学びが実社会から切り離されたものとならないように，実社会との連続性があるような学びを学校で実現することが「真正な学び」だと思われることだろう。確かにそれは，「何を知っているか」ではなく，「何ができるか」を問う「コンピテンシー・ベースの教育」という国際的な教育改革動向とも一致しているといえる。

　しかし，「真正の学び」の理論と実践を代表するフレッド・ニューマン (Fred Newmann) は，この学びによって実現される学力を三つに分けて論じている。第一は，「学校外での価値」である。これは上で述べた，実社会で活用される生きた力を指す。第二は「知識の構成」である。これは，子どもたちが学びを主体的で対話的に（学習理論に基づいて述べれば，構成主義的であるとともに社会的構成主義的に）成立させる力を意味する。ここまでで私たちは，子どもたちが実社会に近しい状況のもとで主体的で対話的に課題に取り組む姿を想像することができる。だが，これで終わりではない。ニューマンはこれに加えて，第三に，「学問的に訓練された探究」を行う力を挙げている。子どもたちと社会を結びつけるのは学問や教科に関する深い理解であり，それに基づいて研究者や科学者が行っている探究の方法だということになるだろう。日本でも，「育成すべき資質・能力を踏まえた教育目標・内容と評価の在り方に関する検討会」(2014 年) において，「教科等ならではの見方・考え方」を学ぶことの大切さが強調されていた。そうだとすれば，「真正の学び」に必要とされる本物には，社会性，主体性，客観性の三つが含まれることになる。

　この論点が，「子ども主体の授業」の課題とつながっていることは明らかである。子ども主体といえば，ニューマンの言う「知識の構成」だけに注目すればよいように思われるかもしれないが，三者の中から一つを選ぶことが提唱されているわけではない。もちろん，経済界の要望に従って社会性ばかり強調しても，既存の教科の枠組みや内容に固執して客観性ばかり主張してもそれは実現できない。教育学者と教師には，社会性，主体性，客観性を一つに結びつけた教育理論と教育実践を構想することが求められているのである。

〔古屋　恵太〕

第14章

教育史にみる「子ども主体の授業」

● **本章のねらい** ●

「子ども主体の授業」をつくることは，今日では教師に求められる重要な課題である。しかしながら，求められているがゆえに，そのような授業を教師自ら求める姿は，むしろ見えにくい面があるかもしれない。「子ども主体の授業」をつくるために教師にはどのような取り組みや意識が必要なのであろうか。本章では，国家の厳しい統制下にあった戦前の学校の中で，子ども主体の授業改革に取り組んだ大正新教育に着目し，歴史を振り返ることで，この点を考えてみたい。

第1節　近代の学校と教師

1. 統制下における内発的改革

　子ども主体の授業をつくることは，戦前の国家主義教育に対する批判とともに，戦後教育改革の中で教師の課題として位置づけられるようになった。文部省は『新教育指針』(1946-1947年) を発行し，その中で教師の「自発的」な研究態度を尊重するとともに，子どもの「生活と興味に即して」教材を取り扱うことをまず推奨したのである。そのため，1947 (昭和22) 年に作成された最初の『学習指導要領』は，教師自身が目の前の子どもにあわせた教材やカリキュラムを作成するための「手引き」として位置づけられた。その後

学習指導要領は，およそ10年に一度の間隔で改訂を重ねてきたが，近年の改訂では，子ども主体の授業をつくることがますます教師に求められるようになっている。

　1989（平成元）年の改訂では「新しい学力観」として，知識や技能の習得だけでなく，子どもの意欲や関心，態度なども含めた学力のとらえ方が示され，1998（平成10）年の改訂以降今日に至るまで，こうした観点は「生きる力」という概念で継承されている。この間に学校に導入された「生活科」や「総合的な学習の時間」では，子どもが身近な事物や人間とかかわり，そこに関心をもつこと，自分自身について意識し考えること，また自らの課題を設定し，それを解決する能力を身につけていくことが目指され，そのために活動や体験を重視する授業の必要性が示されてきた。現代の教師には，目の前の子どもたちにあわせた教材の解釈や開発，また授業方法の工夫により，教科書の記述に解消できない内容をも学ばせていくことが求められているのである。

　こうした授業を教師がつくることは，戦後における教育理念と政策の転換によって，はじめて教師に「求められる」ようになった課題といえるかもしれない。しかしながら，そのような授業を教師自らが「求める」動きは，今から1世紀以上も前に生起した大正新教育（大正自由教育）と呼ばれる運動の中に見出すことができる。大正新教育は，生活科や総合的な学習の時間の創設に際して，しばしばルーツとして振り返られる取り組みであるが，当時の文部省や地方教育行政当局は，概してそれらに抑圧的であり，教師たちが活躍した背景は，現在とは大きく異なっていた。その背景をおさえるために，まずわが国における近代学校の性格を確認しておこう。

2. 教育の近代化と学校

　近代以前の日本には，民衆の学びの場として寺子屋（手習塾）が多数存在し，手本や往来物と呼ばれるテキストを用いた手習いの学習が行われていた。当時の子どもたちは日々の労働に従事しながら，可能な日に寺子屋に通い，自分に必要なものを自分のペースで学んでいた。しかしながら，このような柔

軟な教育形態は，近代化とともに徐々に失われていくこととなる。

　1872（明治5）年の「学制」は，国民皆学の理念のもとで近代学校の制度設計を示し，小学校の設置・普及を進めようとした。ただし，当時の小学校の教育内容は一般の人々の学習欲求に根差しておらず，進級のための試験制度や，学校設置資金の自己負担，授業料の徴収といった問題を伴っていた。明治初期の学校は必ずしも全国各地で歓迎されたわけではなく，学校焼き討ち事件のような動きすらみられたのである。こうした状況を打開して就学率を向上させるため，就学督促とよばれる不就学者の取り締まりや就学標による就学者と不就学者の差別化などがしばしば行われてきた。

　明治初期におけるわが国の教育内容は，西洋をモデルとした実学重視の色彩が強かったが，この方針に対しては，国体を重視する儒学者たちから批判の声が上がり，次第に儒教主義の理念に基づく徳育強化政策へと転換していった。1889（明治22）年には帝国憲法で日本が天皇の統治国家として位置づけられ，その翌年には「教育ニ関スル勅語」（教育勅語）が発布された。教育勅語は，わずか315文字から成る文章であるが，国民を天皇の「臣民」としてとらえ，「忠孝」を基本とする徳目を遵守すべきことが示された。それは学校儀式の席で読み上げられ，徳育を担う修身科を中心に諸教科の内容構成に影響を与えていた。

　既述の通り，学校は人々に即座に受け入れられたわけではなかったが，わが国におけるその普及や定着は，モデルとしてきた欧米諸国よりも早い速度で進んだといわれている。教育勅語が発布され，天皇制国家の体裁が整った頃には，就学率も上昇をたどり，1900（明治33）年の「小学校令」改正を経て，90％以上に達した。この改正では，それまで徴収してきた授業料が無償となったほか，就学義務の責任者の明確化，就学を妨げる児童労働の禁止，留年や退学をもたらしてきた試験制度の廃止などが盛り込まれ，尋常小学校4年間の義務教育制度が成立した。その後，1907（明治40）年の「小学校令」改正で，2年間の年限延長が行われたため，わが国では戦前に6年間の義務教育制度が成立することとなった。

　こうして義務教育制度が成立すると，学校教育に関する課題は量的拡大よ

りもその中身に向けられた。この時期には教科課程政策にも大きな動きがあり，検定教科書制度から国定教科書制度への転換が図られた。国定教科書制度は，民間の教科書会社と教科書採択を審査する各府県の委員との間で行われた贈収賄事件，いわゆる教科書疑獄事件を契機として1903（明治36）年に成立したが，修身教科書の国定化については帝国議会でもそれ以前から議論されており，その準備も着々と進められていた。国定教科書の編纂は，修身，国語，日本歴史，地理などの教科から着手され，その他の教科にも移っていった。国定教科書は，これ以後戦前を通じて学校で使用され，教育の画一化を招くとともに，国家による教育内容統制の道具という側面をもつこととなった。

　以上のように，20世紀への世紀転換期頃までに，日本の学校では天皇制国家を支える国家主導の画一的な教育体制が整備されており，教師にはそうした体制そのものを担うことが期待されていた。次項では，戦前の教師を育てた師範学校の教員養成の特質をみていこう。

3. 師範学校の教員養成

　近代教育制度の創設に際して，教師の養成は喫緊の課題となっていた。文部省は「学制」に先立ち東京に官立の師範学校を設置し，続いて大阪，宮城，愛知，広島，長崎，新潟に各一校，東京にはさらに女子師範学校も設立した。ただし，教員養成はその後各府県に委任することとなり，初期の官立師範学校のほとんどは廃止され，公立の師範学校が各地に設置されていった。こうして始まった師範学校制度は，初代文部大臣である森有礼（1847-1889）のもとで整備されたといわれている。1886（明治19）年の「師範学校令」により，官立のうち残された東京師範学校が高等師範学校に昇格し，中等教員養成機関として位置づけられた（官立の高等師範学校としてその後，東京女子高等師範学校，広島高等師範学校，奈良女子高等師範学校を設置）。一方，各府県が設立する尋常師範学校は，初等教員養成機関として位置づけられた。中等学校教員と初等学校教員を異なる機関で養成する仕組みは，大学における教員養成の原則が戦後に成立するまで維持されることとなった。

第14章　教育史にみる「子ども主体の授業」

　師範学校では，授業や課外活動だけでなく，上下関係や規律を重視した軍隊式の寮生活も重要され，生活の全面にわたる教育が展開されていた。また，森文相は教師を「国家必要ノ目的ヲ達スル道具」ととらえ，師範学校では公費生を基本とし，学資支給と称する制度によって，食事や制服などを含む被服，日用品等が与えられた。この制度は，卒業後の服務義務と表裏一体であり，卒業生は一定期間必ず教職に就かなくてはならなかった。こうした教育を受けた師範学校出身者は，決められたことを真面目に遂行する一方で，自由な精神や発想に乏しい人材とも見なされ，「師範タイプ」と揶揄されるような教師像が生まれることになった。

　以上のような養成教育を受けた教師たちが教壇に立ち，国定教科書制度のもとで，そこに記される内容の伝達を使命とみるようになると，教育現場では注入的で画一的な実践が生じていった。当時の教育学の主流は，明治中期にドイツから移入したヘルバルト主義教育学であったが，その目的論も方法論もわが国では大きな変容を伴っていた。ヘルバルトが教育の究極的な目的とした道徳性は，教育勅語や儒教主義の徳目に置き換えられ，本来認識過程の理論を基礎に形成された五段階教授法は，「予備」「教授」「応用」といった三段階への簡略化や，子どもの学習心理を省みない授業の手続きへと矮小化されていったのである。

第2節　教育現場主体の改革

1. 新教育運動の国際的展開

　既存の学校教育を改革しようとする機運は，19世紀末に欧米諸国でまず高まった。当時の欧米では，産業化による大量生産と消費社会への移行，マスメディアや鉄道の発達などにより，人々の生活環境は急速に変化し始めていた。また，教育面でも近代教育制度の整備が進み，多様な子どもが学校に就学する状況が生まれていた。こうした社会や教育の変化は，既存の学校教育の在り方に対する疑問を生みだし，新たな時代に向けてどのような人間を

育てるのか，そのためにいかに実践を変えていくことが望ましいのかが問い直されることになったのである。

　19世紀末にどのような動きがあったのかを具体的にみてみよう。中等教育では，古典語教育中心の伝統的なグラマー・スクールを批判したレディ (Cecil Reddie) が，イギリスのアボツホーム (Abbotsholme) に新たな学校を設立した。彼の取り組みはヨーロッパの中等教育改革に影響を与え，フランスではドモラン (Edmond Demolins) によるロッシュの学校，ドイツではリーツ (Hermann Lietz) らによる田園教育舎の設立へと連動していった。アメリカでも，ウッドワード (Calvin M. Woodward) が，マニュアルトレーニングスクール（手工学校）を設立し，やはり古典語教育偏重からの脱却を図っていた。また，初等教育では，アメリカ新教育（進歩主義教育）の父と評されるパーカー (Francis W. Parker) が，マサチューセッツ州の公立学校で教授法改革に着手し，その後シカゴで新しい教員養成に着手するとともにパーカースクールを設立した。同地では，デューイ (John Dewey) もまたシカゴ大学の附属実験学校（デューイスクール）の設立に着手していた。これらの学校では，暗記やドリル中心の授業を批判し，構成的な活動を取り入れて子どもの活動性を重視した実践が開始された。

　こうした先駆的な取り組みに続いて，20世紀に入ると，各国でさまざまな教育改革が進められ，イタリアのモンテッソーリ教育法やベルギーのドクロリー教育法，ロシアのコンプレックスシステムやドイツのイエナプラン，アメリカのゲーリープランやドルトンプラン，ウィネトカプラン，プロジェクトメソッドなどが次々に誕生した。1921年には国際的な組織として，ヨーロッパで新教育連盟 (The New Education Fellowship) が成立し，その機関誌は英語，フランス語，ドイツ語をはじめ多様な言語で発行されることとなった。アメリカからは進歩主義教育協会 (The Progressive Education Association) が，わが国からは教育の世紀社や新教育連盟日本支部がこの組織と連携を図り，新しい時代の教育改革のために，国境を越えてその理論・実践研究の成果を共有しようとする動きが現れた。

2. 日本における改革の動き

　海外における上記の改革の影響は，わが国でも19世紀末から20世紀への世紀転換期頃にみられるようになった。前節でみてきたように，この時期わが国では義務教育制度が成立し，多くの子どもたちが学校に就学するようになる一方で，教育実践は画一化の傾向を強めていた。こうした状況下で展開された大正新教育の取り組みはさまざまであるが，その先駆的な提唱者としては，谷本富（とめり）や樋口勘次郎を挙げることができる。かつてはヘルバルト主義教育学者であった谷本は，欧米留学後にフランスのドモランの教育論を紹介して新しい時代を担う「新人物」の育成を掲げた。一方樋口は，前項でふれたパーカーの教育論に学び，『統合主義新教授法』(1899年) を著した。樋口は東京高等師範学校附属小学校において，それまであまり重視されてこなかった遠足の教育的意義に着目し，自然観察や作文教育などを関連づけた実践を行った。

　こうした動きに続いて，「新学校」と呼ばれる私立学校が設立されていった。成瀬仁蔵の日本女子大学校附属豊明幼稚園・小学校，西山哲治の帝国幼稚園・小学校や中村春二（はるじ）の成蹊実務学校など，明治期に設立された学校を先駆として，大正期に入ると澤柳政太郎の成城小学校，そこから独立した小原国芳の玉川学園や赤井米吉の明星学園，野口援太郎の池袋児童の村小学校が開校した。より自由な学校運営を求め，各種学校として開校した羽仁もと子の自由学園や西村伊作の文化学院などもある。

　また，各地の師範学校附属学校でも本格的な改革が進められるようになった。当時の師範学校附属学校には，校長（師範学校長が兼務）とは別に，教育・研究活動全体の実質的な指導者として主事という職が置かれていた。及川平治（1875-1939）が主事を務めた兵庫県明石女子師範学校附属幼稚園および小学校，木下竹次（1872-1946）が主事を務めた奈良女子高等師範学校附属小学校，手塚岸衛が主事を務めた千葉県師範学校附属小学校，北澤種一（1880-1931）が主事を務めた東京女子高等師範学校附属小学校などは特色ある改革を進めた実践校として知られている。彼らは，師範学校の生徒に教育学を教える立場にもあり，教育学者と実践家の両面を備えつつ，従来の教育

第Ⅲ部　教職を深める

学研究や教員養成に対する批判意識も抱いていた。

　これらの学校では，「生活即教育」や「自学主義」「活動主義」「児童中心主義」などの理念に基づく教育改革が進められた。教育界では，こうした新たな取り組みに関心を抱く教師たちも現れ始めた。1921（大正10）年には，雑誌『教育学術界』が新教育の特集として，八大教育主張講演会を開催した。その内容は，及川平治「動的教育の要点」，稲毛詛風（金七）「真実の創造教育」，樋口長市「自学教育の根底」，手塚岸衛「自由教育の真髄」，片上伸「芸術教育の提唱」，千葉命吉「衝動満足と創造教育」，河野清丸「自動主義の教育」，鰺坂（小原）国芳「文化教育の主張」という八つの講演であり，講師の多くが実践家として教育現場を経験する者であった。この講演会には，主催者側の予測を大幅に超える申し込みがあり，収容人数の関係で最終的に約2,000名を受け入れることになったという。参加費用も個人負担の講演会に教師たちが集ったのは，既存の学校教育に対する批判意識と新たな教育への期待があったためであろう。大正新教育運動は全国の公立校にまで広く浸透したとはいえないが，東京市や川崎市，倉敷市などの一部地域の小学校では精力的な改革も進められていた。

　なお，文学，音楽，美術の専門家たちが中心となった芸術教育運動と呼ばれる取り組みもこの時期学校教育に対する改革の機運を高めていた。夏目漱石の門下生であった鈴木三重吉は，1918（大正7）年に子どもを読者とする雑誌『赤い鳥』を創刊し，それに賛同した北原白秋らが，従来の唱歌教育を批判して児童文学や童謡を発展させていった。ヨーロッパ美術を学んだ山本鼎も，教科書の模写を批判して自由画教育を提起し，1921年には，彼の呼びかけで「日本自由教育協会」も結成された。

3．大正新教育の思想

　それでは，当時の教師たちは，大正新教育のどのような思想に惹かれたのであろうか。ここでは，この運動の代表的指導者である及川平治と木下竹次に着目して，その特質を確認してみよう。彼らは自ら「万年主事」と称して，教育現場に立つことにこだわり続けた人物である。及川平治は，分団式動的

教育法を提唱し，八大教育主張講演会の講師も務めていた。彼は，明石女子師範学校附属幼稚園と附属小学校の主事を兼務し，『分団式動的教育法』（1912年）というベストセラーを発行した。彼を学校改革に目覚めさせたのは，「学校はいやな場所ぢゃ」という子どもの言葉であったという。

　この経験から，及川は子どもの興味や能力の違いに対応するため，アメリカの個別化教授プランを手掛かりに分団式教育という一種のグループ学習を考案した。ただし，それは単なる能力別学習ではなく，動的教育論の思想に支えられたものであった。その思想は，「静的教育」から「動的（機能的）教育」へと転換を図ること，「教育の当体」である子どもの中に存在する事実を重視すること，真理としての知識を子どもに与えるよりもその研究方法を授けることの3点を要件とするものであった。

　奈良女子高等師範学校附属小学校の主事を務めた木下竹次もまた大正新教育の指導者として活躍していた。木下は学習研究会を立ち上げて，『伸びて行く』という子ども向け雑誌や附属小学校の実践や研究成果を公表する媒体として『学習研究』を発行した。木下の主著『学習原論』（1923年）もまた多くの教師たちに読まれ，同書の刊行時に同附小を訪れた参観者は膨大な人数に及んだ。

　木下は，「学習」を教育原理として掲げ，それまで「教授」という言葉の方が主流に用いられてきた教育界で脚光を浴びた。木下は教師が「教授」の目的や教材，教授過程を決定して，それを児童に与える他律的な教育を批判し，「自律的学習」を説いた。木下によれば，「学習」とは人間形成全体に及ぶ概念であるため，教師が取り組むべき「学習研究の範囲はすこぶる広い」ものになるという。木下の説く学習法は，決められたものを工夫して学ぶ方法ではなく，子ども自身が学習の目的や方法のすべてを考え，目的の実現に必要な意欲や態度をも自ら身につけていくとするものであった。木下は「何でもよく疑う」こと，そして自分の疑問を解決するために「工夫」や「実行」することこそ重要であり，その方法を他人から教えてもらうだけでは本当の意味で「伸びていく」ことはできないと子どもにも語りかけていた。

　及川にも木下にも共通するのは，教師が子どもに知識や技能を授けるとい

う教育観を批判し，むしろそれらを子ども自身が求め，獲得するための方法や態度を身につけることを目指す点であった。しかしながら，このような教育論を展開すれば，即座に理想とする実践が実現できるわけではない。こうした実践を具現化するプロセスでは，実際に教師たちは何に取り組むことが必要なのであろうか，また，国定教科書の内容の伝達という教職観を乗り越えるいかなる教職意識が彼らに芽生えていたのだろうか。次節では，これらの点を東京女子高等師範学校附属小学校（以下，東京女高師附小）の事例から考えてみよう。

第3節　東京女高師附小の授業改革

1. 直面した課題

　東京女高師附小は，現在のお茶の水女子大学附属小学校の前身にあたる学校であり，北澤種一主事の指導下で「作業教育」を掲げた大正新教育の実践校である。同校も，児童教育研究会を組織して雑誌『児童教育』を発行し，夏期講習会を開催するなど，当時の新教育研究を牽引する代表的実践校であった。さらに，及川や木下と同様に，北澤もまた，教師は子どもに学ばせたい知識があるとしても，それを与えることは不可能であるとする考え方を抱いていた。真の学びが成立するためには，子ども自身にそれを求めさせることが必要であり，教師が採るべき方法は，直接的な教授ではなく「間接法」であるという。

　作業教育においては子どもの「目的活動」が実践の原理とされたが，その追究は1920（大正9）年設置の実験学級にプロジェクトメソッド（p.209コラム参照）を導入したことから始まった。プロジェクトメソッドの導入に着手した北澤は，子ども自身のプロジェクト，すなわち目的活動を追究するためには，従来の教科の枠組みを前提とすることや，国定教科書における教材の選択や配列通りに，実践を行うことは不可能であるととらえていた。また，これまで教師の側で考え，準備してきたことを子ども自身が担うことが必要と

なり，教師の仕事は，「思ふところを述べてその通り学習させる」ことではなく，彼らのプロジェクトを実現するための良き「相談役」になることであるとみていた。このような観点から，北澤は，教員養成が与えられた教科書の内容を誤りなく教える，あるいは有効に教えるといったレベルにとどまっている限り，プロジェクトの実践を支える教師を育てることはできないと考えていた。北澤に限らず，大正新教育の指導者たちは，学校教育を変えていくために，新しい教職観に立ち，既存の教員養成を改革する必要があると気づいていたのである。

　しかしながら，プロジェクトメソッドの導入に着手した頃の東京女高師附小では，子どもの目的活動の重要性を認めながらも，教科の枠組みのみで実践研究が進められていた。また，子ども自身の力でプロジェクトを考案することは理想ではあるもののその実現は難しいとして，教師が考えたものを子どもに提案することが妥当であるとする意見が出されていた。教師たちは，海外の実践モデルを詳細に検討していたが，その実践は，既成のモデルを模倣的に導入するという試みにとどまっていた。北澤という優れた指導者がいたからこそ，同校では授業改革への気運が高まったのであるが，実践を変えるためには，彼一人のみの力ではなく教師集団の意識改革や力量形成にも取り組むことが不可欠であった。

2.　模倣からの脱却

　子どもの目的活動を具現化しようとする気運が学校全体で高まったのは，北澤が欧米視察を終えて帰国した1920年代半ば頃からであった。約2年間の欧米視察において，北澤は新教育に取り組む海外の実験学校を多数訪問したが，彼にとって印象的であったのは，そこで出会った教師たちが，研究者の態度で教育に臨んでいることであった。そして，日本の教師たちが「出来上がつた形そのものを直接に模倣するに熱心」であることを批判し，教師による研究の重要性を訴えるようになっていった。教師自身が研究を行うからこそ，原理が共通であっても，さまざまなメソッドやプランが生まれ，異なる実践に具現化するのであり，教育の原理を教師が自らの文脈で解釈し，独

第Ⅲ部　教職を深める

自な実践をつくることにこそ意義があると主張したのであった。日本に帰国した北澤は，こうした認識とともに，さっそく東京女高師附小の改革に着手したのである。

　帰国後の北澤は，目的活動の追究を一層強調し，その実現のために校内の研究組織も大きく変更した。まず，従来の教科ごとの研究組織を見直し，人文・社会科学的教科を一括りにした「ソーシャルサイエンス」，自然科学的教科を一括りにした「ジェネラルサイエンス」，「低学年教育」，「作業教育」，「教育測定」といったテーマのもとに研究部を創設し，教科教育の枠組みだけでなく，教科を超えたかたちで教師たちが研究成果を共有し，連携できる仕組みづくりに取り組んだ。

　新たな研究組織のもとで，この時期の同校の研究には内容面でも大きな変化がみられた。北澤は，目的活動の原動力となる「興味」の意義を教師たちと共有することをまず課題とした。「興味」という言葉は，今日私たちが教育について語る際しばしば取り上げられる用語の一つである。しかしながら，その意義は，これまでどれだけ深く考えられてきただろうか。かねてよりデューイの教育思想に学んできた北澤は，「興味」が「目的」や「努力」と不可分であること，さらにそれが「関係の概念」や「参加の概念」，端的にいえば「仲間入り」を指すという解釈を教師たちに提示した。

　この社会的な視点からの興味理解を基礎に，1920年代後半の附小では，予め決められた集団を学級とみることが否定され，共通の興味に基づくグループが各々のプロジェクトを遂行し，その過程で異なるグループ間の結びつきを生み出しながら，より大きなプロジェクトや学級という集団の形成へと導いていくことが目指された。同時に，興味を伴う子どもたちの目的活動が連続的に展開するよう支援することで，プロジェクトによってカリキュラムを構成していくことが課題とされていた。また，同校では子どもの目的活動の過程で生起する価値とそうした活動の手段や結果として獲得される知識や技能の価値が区別され，独自に開発した評価の枠組みに基づく教育評価も行われるようになった。

　現在からみても先進的なこうした改革を推進することは，もちろん容易な

ことではなく，当初は校内で激しい論争も交わされた。しかし北澤は，反対者を排除することや独裁的な手腕を発揮することにより改革を進めたわけではなかった。むしろ彼は一人ひとりの教師が，子どもと同様に自己の課題を有した「目的活動者」であるという点を尊重し，反対論をも許す自由なコミュニケーションを繰り返すことで，改革の理念を共有していく道を開いていったのである。実践改革の出発点に位置づけられた興味は，固定的なものではなく，季節やその時々の出来ごと，子どもの内的・外的条件によって常に変化するものとして動態的にとらえられ，さまざまな方法を通してその調査が行われた。協働的な研究態勢のもとでこうした研究に取り組むことにより，この時期の同校の教師たちの実践は，海外の実践書からのモデル探しとその模倣というかつての限界を克服し，創造的な取り組みへと大きく変化していったのである。

［遠座　知恵］

● **考えてみよう！**
- ▶ 19世紀末から20世紀にかけて展開された新教育運動の国内外の事例について調べてみよう。
- ▶ 戦後の教員養成が戦前からどのように転換したのか調べてみよう。
- ▶ コアカリキュラム運動など，戦後新教育期における教育現場の授業改革について調べてみよう。

● **引用・参考文献**
石村華代・軽部勝一郎編（2013）『教育の歴史と思想』ミネルヴァ書房
稲垣忠彦（1995）『増補版　明治教授理論史研究―公教育教授定型の形成』評論社
稲垣忠彦編（1993）『日本の教師20―教師の教育研究』ぎょうせい
遠座知恵（2013）『近代日本におけるプロジェクト・メソッドの受容』風間書房
遠座知恵（2018）「東京女子高等師範学校附属小学校における作業教育実践の展開」『カリキュラム研究』第27号，15-26頁
沖田行司編（2012）『人物で見る日本の教育』ミネルヴァ書房

小原国芳編（1970）『日本新教育百年史』第1巻，玉川大学出版部
小原国芳編（1971）『日本新教育百年史』第2巻，玉川大学出版部
木下亀城・小原国芳（1972）『新教育の探究者木下竹次』玉川大学出版部
佐藤隆之（2004）『キルパトリック教育思想の研究』風間書房
辻本雅史（2013）『学びの復権―模倣と習熟』岩波現代文庫
中野光（1968）『大正自由教育の研究』黎明書房
中野光（1976）『教育改革者の群像』国土社
中野光（2008）『学校改革の史的原像―「大正自由教育」の系譜をたどって』黎明書房
日本近代教育史事典編集委員会（1971）『日本近代教育史事典』平凡社
橋本美保編（2012）『及川平治著作集』日本図書センター
橋本美保編（2018）『大正新教育の受容史』東信堂
橋本美保・田中智志編（2015）『大正新教育の思想―生命の躍動』東信堂

第14章　教育史にみる「子ども主体の授業」

● COLUMN ●

 プロジェクトメソッド

　プロジェクトは，近年プロジェクト型カリキュラムやプロジェクト学習などの言葉で広く知られている。この教育用語は，コロンビア大学ティーチャーズカレッジの教育学者キルパトリック（William H. Kilpatrick）が論文「プロジェクトメソッド」（1918年）を発表したことで注目されるようになったが，それ以前から多様な実践が行われていた。手工教育の先駆者ウッドワードは，既習の技術を総合的に用いて一つの作品を作る活動をプロジェクトと呼び，ヘルバルト主義者 C. マクマリー（Charles A. McMurry）は，ソルト河の灌漑事業など，実際の社会生活の中で行われるプロジェクト活動を単元に採用することを提唱した。また，キルパトリックの同僚でもあるボンサー（Frederick G. Bonser）は，人間が，原材料を加工してより価値あるものを制作する活動をプロジェクトと呼び，原材料の性質や生産，加工に伴う化学変化やデザイン，加工物の輸送や販売等を多様な教科で扱い，それらを関連づけることでカリキュラム全体の統合を図った。

　キルパトリックの理論は，①「目的」②「計画」③「実行」④「判断」といった四段階がよく知られるが，それは彼が考えたさまざまなプロジェクトの一形式にすぎない。むしろ，彼が提唱したのは，あらゆる内容と形式の活動の基礎にある「専心的目的活動（wholehearted purposeful activity）」という原理である。プロジェクトメソッドの理論化に際して，彼は幼稚園の子どもたちの遊びを観察し，連続的に発展していく活動の中にプロジェクトの原理を見出した。たとえば，人形と遊びながら，子どもは成長とともに，人形のためにベッドを作ること，家をつくること，家族をつくること，その家族が住む町をつくることなどを思いつくようになっていく。プロジェクトメソッドの基礎となるキルパトリックの学習理論は，子ども自身による，①目的の遂行（基本学習）を核として，そのプロセスで必要となる，②知識や技能の習得（関連学習），③性格や態度の形成（附随学習）という三層で学習をとらえ，それらが同時に進行するというものであった。上記の遊びのように，プロジェクトが次第に大掛かりなものに発展するにつれ，子どもが目的を遂行するうえで必要になる知識や技能も高度なものとなり，より粘り強い取り組みや，他人と助け合う態度等も必要になってくる。キルパトリックは予め決められたカリキュラムを否定し，このような活動の連続性に着目したプロジェクトによるカリキュラムを構想したのである。

［遠座　知恵］

索　引

あ行

ICT　84
ICT 支援員　121
アイデンティティ　33
アクティブ・ラーニング　10, 14, 115
「新しい学力観」　179, 196
アリストテレス　182
有田和正　17
生き方　68
「生きる力」　145, 179, 180, 196
いじめ　26, 44, 66, 76
一秒先をほめる　23
イリッチ，I.　142
栄養教諭　61, 104
営利企業等の従事制限　107, 109
SL 理論　52
エリクソン，E. H.　29
及川平治　201
OECD 国際教員指導環境調査（TALIS）
　117, 163, 173
大人と接するチャンネル　18
オルタナティブ・スクール　144
お絵かき　24

か行

外国語指導助手（ALT）　121
開明（enlightenment）　170
学習指導案　58
学習指導要領　24, 103, 196
学制　142, 197
確定状況　187
学力形成　158
学齢期　31
課題対応能力　64
学級活動　57, 59
学級経営　16, 26
学級担任制　128
学級崩壊　26
学校運営協議会　148

学校化　142, 143
学校改革　145
学校行事　59
学校経営　145, 151
学校司書　121
学校知　143
『学校と社会』　189
学校の自主性・自律性　147
学校評議員制度　148
学校保健　20
活用力　180
株式会社立学校　144
カリキュラム・マネジメント　115-116
カント，I.　182
危機　33
キー・コンピテンシー　180, 194
北澤種一　201
木下竹次　201
キャリア・レインボー　38
キャリア教育　22, 62
キャリア形成　67
キャリア発達　38
キャリアプランニング能力　64
給食指導　20
教育委員会　125
教育委員会制度　101
教育課程　67
教育基本法　110
教育行政　100
教育公務員　108
教育公務員特例法　109, 111
教育職員免許法　56, 110
教育勅語（教育ニ関スル勅語）　197
教育方法　63
教育論　24
教員組織　106
教員の多忙化　116
教員の発話　99
教科書検定　103
教科書採択　104

索　引

教科書制度　103
教科書の無償給付　104
教科担任制　128
共感　83
教材開発　63
教材研究　15
教師期待効果　48
教師の病気休職者　159
教頭　61, 104
業務環境の改善　124
教諭　56
規律型権力　184
キルパトリック, W. H.　209
キンズバーグ, E.　35
勤務場所外研修　111
クラブ活動　59
傾聴　83
下校指導　18
ゲマインシャフト　172
研究と修養　25
健康観察　20
言語文化背景の異なる子ども　130
県費負担教職員制度　102
構成主義　183
校則　71, 77-80
子ども（児童）中心主義　178, 183
子ども主体の授業　178-181, 186, 191, 192, 194
子どもたちのキャリア発達　41
コミュニティ・スクール　148, 149
ゴレム効果　76

さ行

ジェプセン, D. A.　39
自己効力感　163
自己指導能力　67
仕事　189
自己理解・自己管理能力　64
姿勢　24
自尊感情　55
児童会活動　59
指導改善研修　112
指導教諭　104

児童生徒理解　21, 23, 62, 75, 83
師範学校　198
師範学校令　198
師範タイプ　199
事務職員　104
社会的自立　62
社会に開かれた教育課程　115
就学支援コーディネーター　122
主幹教諭　56, 104, 105
授業技術　16
授業計画　16
主体　181
主体化＝従属化　185
主体的・対話的で深い学び　178, 180
主体批判　181
出席停止　66
主任　105
受容　83
小学校・中学校に置かれる教職員　105
小学校令　197
条件附採用　109
情報活用能力　86, 90
小1プロブレム　50
職業選択理論　35
職業的自立　62
職業的発達段階　36
職業としての教職　40
職業発達理論　35
職務専念義務　107
初等教育　59
初任者研修　112
職務上の義務　107
しりとり　24
進学指導　22
新学力観　179
新教育運動　178
新教育指針　195
新教育連盟　200
人材育成　124
真正の学び　194
進歩主義教育運動　187
信用失墜行為の禁止　107
心理社会的危機　29

211

索　引

進路指導　22, 57
進路選択　68
スクールカウンセラー　121
スクールソーシャルワーカー　121
スクールリーダー　152
スクールリーダーシップ　152
スーパー，D. E.　36
生活指導　57
政治的行為の制限　107, 109
成人後期　32
成人前期　32
成人中期　32
清掃指導　20
性同一性障害　79
生徒会活動　59
生徒指導　26, 57, 71-82
『生徒指導提要』　71, 72, 75, 78
青年期　31
積極的関与　33
設置者管理主義　102
設置者負担主義　102
全教育活動　61
選考　109
全体計画　58
専門性　68
争議行為等の禁止　107
総合的な学習の時間　196
掃除の時間　66
想定外の発言　18
相当免許状主義　110
ソーシャライザー　168
ソーシャライズィー　168

た行

大正新教育　195, 196, 202
第二言語　137
ダーウィン，C. R.　187
脱学校論　142-144
縦型信号機　15
タブレットPC　90
地方公務員としての教師　107
地方公務員法における服務規定　108
チームとしての学校　106, 115, 117-120, 123-126, 150
中堅教諭等資質向上研修　120
中等教育　60
長期研修　111
デカルト，R.　172
デジタル教科書　88
デューイ，J.　187, 200
デューイ・スクール　189
同一性拡散　31
特別活動　70
特別支援教育指導員　122
特別免許状　110
取り出し　135

な行

なべぶた型　106
ナラティブ・アプローチ　39
人間性　5
日本語指導が必要な子ども　130
乳児期　29
ニューカマー　130
ニューマン，F.　194
人間関係形成・社会形成能力　64
人間形成　158
年間指導計画　58

は行

バーンアウト（燃え尽き症候群）　161
ハイデガー，M.　183
ハヴィガースト，R. J.　36
パーカー，F. W.　200
「バスのうんてんしゅ」　17
パーソンズ，F.　35
パーソンズ，T.　168
発達課題　29
発問　17
パノプティコン　185
ハロー効果　47
板書　20
バンデューラ，A.　39
ピアジェ，J.　183
PM理論　50
ピグマリオン効果　48, 76

索　引

筆順　20
秘密を守る義務　107
昼休み　66
部活動指導員　122
副校長　61, 104
服務の宣誓　107
フーコー，M.　183, 184
普通免許状　110
不登校　66
不当な支配の排除　100
プランドハップンスタンス理論　39
プログラミング教育　91
プロジェクトメソッド　200, 209
ヘーゲル，G. W. F.　187
ベンサム，J.　185
暴力行為　66
法令及び職務命令の遵守義務　107
保護者会　18
母語　138
ホームルーム活動　57, 59

ま行

学び続ける教師　113
学ぶことと生きることの統一　7, 8, 12
みずから学び，考え，判断し，行動する力　24

ミドルリーダー　123
身分上の義務　107
民間出身校長　144
無限定的連帯　172
免許制度　110
メンタルヘルス　21
森有礼　198
モンスターペアレント　146
問題解決　188
問題状況　188
休み時間　66
やなぎ型　106
有能性　5
ゆとり教育　179
養護教諭　60, 104
幼児後期　31
幼児前期　30
予言の自己成就　23, 76

ら行

ラポール（相互信頼の関係）　172
リーダーシップ　123, 145, 152, 153
リーダーシップ開発　153
臨時免許状　110
ルソー，J-J.　183

教師のための教育学シリーズ
刊行にあたって

　学校教育の第一線を担っている教師たちは，現在，数々の大きな課題に直面しています。いじめ，不登校などの解決困難な教育課題への対応，主体的・協働的な学びへの期待，特別支援教育の充実，小学校外国語活動・英語の導入，道徳の教科化，ICTの活用などの新たな教育課題への対応，「チーム学校」への組織改革，保護者や地域住民との新しい協働関係の構築など課題が山積しています。

　本シリーズは，このような現代的な教育課題に対応できる専門性と指導力を備えた教師を育成するため，教職に関する理解を深めるとともに，その基盤となる教育学等の理論的知見を提供することを狙いとして企画されたものです。教師を目指す教職課程の学部生，大学院生，社会人などを主な対象としておりますが，単なる概説や基礎理論だけでなく，現代的な課題，発展的・専門的内容，最新の理論も取り込み，理論と実践の往還を図り，基礎から発展，応用への橋渡しを図ることを意図しています。

　本シリーズは，幼稚園，小学校，中学校，高等学校，特別支援学校など幅広く教員養成を行い，修士課程，教職大学院，博士課程を擁するわが国最大規模の教育研究機関であり，教育学研究の中核を担っている東京学芸大学の研究者教員により編まれました。教員有志により編集委員会をたちあげ，メンバーがそれぞれ各巻の編者となり，長期にわたり企画・編纂してまいりました。そして，本シリーズの趣旨に賛同いただいた学内外の気鋭の研究者の参画をえて，編者と執筆者が何度も議論を重ねながら一丸となってつくりあげたものです。

　優れた実践的指導力を備えた教師を目指す方々，教育学を深く学びたいと願う方々の期待に応え，わが国の教師教育の在り方において重要な道筋を示すものとなることを心から願っております。

「教師のための教育学シリーズ編集委員会」を代表して　佐々木　幸寿

【監修】教師のための教育学シリーズ編集委員会

【編者】

佐々木 幸寿（ささき　こうじゅ）

東京学芸大学理事・副学長

1960年岩手県生まれ。東北大学大学院教育学研究科博士課程修了。博士（教育学）。岩手県公立学校教員，岩手県教育委員会指導主事，主任管理主事，信州大学助教授，准教授，東京学芸大学准教授を経て，同大学教授。現在，理事・副学長・教職大学院長。

（専攻）学校法学，教育行政学

（主要著作）『憲法と教育』（共著，学文社，2006），『市町村教育長の専門性に関する研究』（風間書房，2006），『改正教育基本法―制定過程と政府解釈の論点―』（日本文教出版，2009），『東日本大震災と学校教育』（共著，かもがわ出版，2012），『学校法　第二版』（編著，学文社，2019）ほか。

教師のための教育学シリーズ1
教職総論―教師のための教育理論　改訂版

2016年10月10日　第一版第一刷発行
2019年10月20日　改訂版第一刷発行
2020年10月30日　改訂版第二刷発行

編　者　佐々木　幸寿

発行者　田中　千津子　　〒153-0064　東京都目黒区下目黒3-6-1
　　　　　　　　　　　　電話　03（3715）1501 ㈹
発行所　株式会社 学文社　FAX　03（3715）2012
　　　　　　　　　　　　http://www.gakubunsha.com

©Koju SASAKI 2019　　　　　　　　　　　印刷　新灯印刷
乱丁・落丁の場合は本社でお取替えします。
定価は売上カード，カバーに表示。

ISBN 978-4-7620-2925-7

EDUCATIONAL STUDIES FOR TEACHERS SERIES

教師のための教育学シリーズ
＜全１２巻＞

教師のための教育学シリーズ編集委員会　監修

優れた専門性と実践的指導力を備えた教師を育成するため，教育課程の概説のみならず，教育学の理論や知見を提供するテキストシリーズ。

〈本シリーズの特徴〉

・優れた専門性と指導力を備えた教師として必要とされる学校教育に関する知識を教育学の理論や知見に基づいてわかりやすく解説。
・単なる概説ではなく，現代的な課題，発展的・専門的内容など先導的内容も扱う。
・教育学の基礎理論に加え，最新の理論も取り込み，理論と実践の往還を図る。

① 教職総論　改訂版　教師のための教育理論　　佐々木 幸寿 編著
② 教育の哲学・歴史　　古屋 恵太 編著
③ 学校法　第二版　　佐々木 幸寿 編著
④ 教育経営論　　末松 裕基 編著
⑤ 教育心理学　　糸井 尚子・上淵 寿 編著
⑥ 教育課程論　第二版　　山田 雅彦 編著
⑦ 教育方法とカリキュラム・マネジメント　　高橋 純 編著
⑧ 道徳教育論　　齋藤 嘉則 編著
⑨ 特別活動　改訂版　総合的な学習(探究)の時間とともに　　林 尚示 編著
⑩ 生徒指導・進路指導　第二版　理論と方法　　林 尚示・伊藤 秀樹 編著
⑪ 子どもと教育と社会　　腰越 滋 編著
⑫ 教育実習論　　櫻井 眞治・矢嶋 昭雄・宮内 卓也 編著